商务新闻采写实用手册

张益俊◎著

SHANG WU XIN WEN
CAI XIE SHI YONG SHOU CE

◎采访：像聊天那样采访 ◎写作：像说话那样写作
◎编辑：不做屠夫做大夫

九州出版社
JIUZHOUPRESS

图书在版编目(CIP)数据

商务新闻采写实用手册 / 张益俊著.—北京：九州出版社，2009.7
ISBN 978-7-5108-0139-6

I. 商… II.张… III.①商务—新闻采访—手册②商务—新闻写作—手册 IV.G222.1-62

中国版本图书馆CIP数据核字（2009）第134317号

商务新闻采写实用手册

作　　者 张益俊 著
出版发行 九州出版社
出 版 人 徐尚定
地　　址 北京市西城区阜外大街甲35号（100037）
发行电话 （010）68992190/2/3/5/6
网　　址 www.jiuzhoupress.com
电子信箱 jiuzhou@jiuzhoupress.com
印　　刷 三河市东方印刷厂
开　　本 720×1020毫米　16开
印　　张 13
字　　数 180千字
版　　次 2009年7月第1版
印　　次 2009年7月第1次印刷
书　　号 ISBN 978-7-5108-0139-6
定　　价 28.00元

自序

每一个人都有着属于自己的梦想。如果你的梦想是成为一名杰出的记者，那这本书不能给你什么保证；如果你的梦想是成为一名合格的商务记者，这本书也许会助你一臂之力。

儿时的我，白天喜欢端详天边的云朵，夜晚则总爱仰望漫天的繁星。每每此时，总是梦想自己能有一双翱翔的翅膀，飞到浩茫的天空，白天端坐云顶，一览天下风云，夜晚则和星星一起，畅游浩淼的银河。

10岁时，我的梦想与孩提时代的相比，则变得更加实际了：当时，老师要求写一篇题为“我的理想”的作文，我毫不犹豫地写道我的理想就是当一名光荣的人民教师，这也就是我当时的梦想……

后来，我上了大学，老师自然没有当成。20岁时，梦想成为一名记者。第二年如愿以偿，而且进了中国新闻界的最高殿堂——新华通讯社。当时，我确信我们家的祖坟位置好！我到新华社后赶上的第一件事情是献血，第二件事情是到对外部值班室当发稿干事，主要职责是登记、复印、分发稿件，此外还分工负责打水、扫地及领取和分发文具用品如铅笔、橡皮、采访本和稿纸等后勤服务工作；第三件事是作为第一届中央讲师团成员赴山西省支教一年。

回到新华社后，又被派到中国社会科学院研究生院新闻系做类似于班主任或辅导员的工作。我所负责班级的所有同学都管我叫老师，尽管他们的年龄都比我大。这也确实印证了“师不必贤于弟子”那句话！

我在新华社最初两年就是这么度过的。尽管迟迟没有开始记者生涯，但我丝毫未曾有过受伤或沮丧的感觉。相反，我乐此不疲，不管做什么都很开心，因此也很投入。

就像我在《商海直书——目睹中国商务20年》的自序中所说：新华社不愧是一个世界性国家通讯社。那里人才济济，业务氛围浓厚。到了那里，你不想成才都不行！

我的记者生涯是从采访文教新闻开始的，一年后改跑政法。从一个从未学过新闻的毛头小伙子，到一名可以独挡一面、独立采访中央党政重要部门的新华社记者，我用了不到三年的时间。再后来，我分工负责采访和报道党和国家主要领导人的外事活动和国家对外经贸的相关新闻。

差不多10年时间，我所采访的部门涉及包括全国人大、国务院、最高人民法院、最高人民检察院和中组部、中宣部等在内的所有中央国家机关和党政要害部门，采访的领域涉及政法、经济、外交、文化和社会，采访过的人物有囚犯也有明星，有普通百姓也有中外领导人，采写的稿件内容更是涉及生活的方方面面。

而立之年，已经被新华社对外部聘为主任记者的我，更加坚定了成为一名杰出记者的梦想，因为总觉得梦想不再遥不可及，相反，正变得越来越近。

3年后，因工作变动，我由一名记者变成了为记者服务的新闻官。整整两年的“衙门”生活后，重归新闻采编的行列：告别了那座位于北京东长安街2号、曾令多少人歆羡的外经贸部机关大院，来到了方庄桥西北角一座并不显眼的四层小楼——国际商报社。

此时，我不再有属于自己个人的梦想了。我的梦想变成：有一天，《国际商报》能够成为一份名副其实的国际商报，中国能有一张与自身国力和地位相称、拥有更大国际话语权的商务报纸！

10年来，我经常跟同事们一起切磋、摸索，并向新闻界前辈及同行请教，力图为全球化背景下如何改善商务新闻采写找到一些可资分享的感悟。因为40岁时的我已开始深深感到：要打造一流的报纸，必须拥有一流的采编队伍，而像《国际商报》这样的行业报纸，所缺的正是这样一支队伍。

平素，我不仅愿意跟年轻同事交流成长的体会，还先后在报社内部和商务部商务培训网站举办讲座，就商务新闻的采访与写作畅谈本人的所历所思，这次更是斗胆将讲座原有内容略加充实后付梓出版，一方面期望与大家分享，一方面求教于各方。

本书还将我平时的几篇心得和业务文章作为第三部分收录进来，旨在让读者更好了解报纸的编辑部的一些日常想法，权且视作对前两个部分的一个补充。

作为即将知晓“天命”之人，我的梦想是，所有的人都能实现自己的梦想。任何新闻采访与写作其实是没有诀窍可言的，商务新闻也不例外。如果非要说出一个诀窍，我觉得只能是：像聊天一样采访，像说话一样写作。

一名成功的记者，一定拥有娴熟的采写技巧，但无论采写技巧多么高超，都不一定能成为一名成功的记者，因为记者的成功，首要的条件是要有梦想，或者说是远大的理想，其次要有一种执着的追求，然后是真诚的人格和好奇的心态，最后才是驾驭各种复杂环境下新闻采写的技巧和能力。

如果您为人真诚，好奇心强，且希望成为一名商务新闻工作者，并愿意孜孜追求，那么，这本书，也许会给您的梦想插上翅膀。这也正是我的梦想。

文果载梦，余梦有寄。

张益俊

2009年6月6日于北京方庄

目 录

Contents

采访篇：像聊天那样采访

写作篇：像说话那样写作

感悟篇：捍卫母语及其他

采访篇：像聊天那样采访

◎聊天：采访的最高境界◎灵感：点燃采访的火花◎机会：幸运之门的钥匙
◎案头：通往成功的桥梁◎愚钝：战胜怯场的利器◎记录：延长采访的灵丹
◎寒暄：营造氛围的法宝◎提问：把控节奏的技巧◎倾听：妙用第三只耳朵
◎沉默：走出窘境的方舟◎话别：寻找最后的亮点◎网络：穿越时空的采访

第一节 聊天：采访的最高境界

在一些人眼里，记者的生活是浪漫而富有诗意的，因为记者可以到处采访。显然，在这些人看来，采访就是旅游。

在另一些人看来，记者的工作刺激而极有挑战性，因为记者什么人都能认识。在他们眼里，采访就像交友。

也有人认为，记者采访就像请一位熟悉的朋友或未曾谋面的人吃顿饭一样，只不过是要带上录音笔、采访本或笔记本电脑，彼此进行一次精心准备的活跃的谈话而已。

以上种种，对，也不对。至少，持这些看法的人一定是新闻界的圈外人。

对，是因为记者由于职业性质的需要，理论上讲，确实有机会可以跑遍全球，有条件认识任何自己想认识的人，而且也确实有一些采访就是在饭桌上完成的。

不对，是因为新闻采访毕竟不是旅游、不是交友，更不是请客吃饭，而是寻找。寻找采访线索、根据线索寻找到要采访的“嘴巴”，并从这些嘴巴里找到他们可以用来报道的素材。况且，记者采访是有分工的，不可能想到哪里就到哪里，想见到谁就能见到谁。

20多年的记者生涯告诉我：记者的工作累并快乐着。无冕之王的桂冠并不是所有记者都能消受得起的。

累：你要成为一个比别人更加成功的记者，你就需要比别人付出更多的劳顿。你必须多读、多问、多思、多发现。你必须能想到别人没有想到的问题，做到别人没有做到的事情。

快乐：因为你总是生活在社会的中枢、时代的前沿，你总是能时刻触摸到社会的脉搏、感受到时代的心音。

重要的是，当你的劳顿化作一篇篇稿件出现在报纸的头版头条的时候，它们会给你带来不仅仅是快乐，还有成就感，有时甚至让你产生自豪感。

即便在互联网使用如此广泛的今天，“公民记者”揭“网”而起的时代，职业记者的生涯依然让人歆羡不已。

互联网的使用使得任何拥有电脑的人都可以像大型新闻机构一样广泛发布消息。但是，网络新闻的准确性正受到越来越多的质疑和挑战，无论它的内容写得多么天花乱坠，更新多么频繁。在这个信息不再短缺的时代，需要的是思想和对信息真伪的甄别，以确保公众得到的信息都是准确、可信的。新闻记者的采访就是这种努力的一部分。

即便在新闻界同行里面，也有人认为，采访最多需要一点简单的小伎俩，它和写作、编辑不同，后两者多少还需要一些专业知识，要求具备些许艺术细胞。他们认为写作是艺术，编辑更是，而采访则基本上没有太多的技术含量，需要的最多也就是一些雕虫小技，因此，采访不一定能算得上一门真正的独立学科。

的确，新闻采访本身并不神秘，但它也绝不是那么简单。一些关于新闻采访学之类的专著要么云里雾里，故弄玄虚，让你读后更加不知所云；要么简单地罗列经验经历，最多加上一阵忽悠，吹嘘点小“秘密”，其实什么也没说。这两种情形都在某种程度上宣告了同一个道理：采访就是采访，既没有一些书上说的那么玄乎，也不是一些人想象的那么简单。

我们承认，采访就是聊天，但我们更应该承认的是，采访是一种手段、一种能力、一种艺术，是一种需要有一定把控能力和交流艺术的聊天。

一、新闻采访的定义

定义：现代汉语词典里关于“采访”一词的解释是：搜集寻访，调查访问。它不仅指新闻采访，还包括文学采访，即作家的采风。关于新闻采访的定义很多，但我认为比较科学的定义应该是：所谓新闻采访，就是记者以媒体和受众的名义，以采集信息、获取素材和传播新闻为目的，对相关事实的调查与研究、对相关人士的访问与谈话。

这一定义之所以更为科学，就在于它不仅明确了新闻采访和文学采访的区别，而且指出了新闻采访的目的和任务、方法与实质。新闻采访的目的和任务就在于采集信息、获取素材、传播新闻，这些信息和素材就是记者需要掌握的新闻事实材料，一般包括：面上情况、主要事实、背景材料、典型事例和相关细节。

商务新闻采访，和新闻采访一样，首先也是一种实践活动，一种主观认识客观并把握客观的实践活动，它是一种记者认识和反映商务理论和实践的活动，是记者对商务工作的认识完成了从实践中来、并为到实践中去做好准备的工作过程，其实质是采集信息、获取素材，其方式是调查研究。它是一种适应新闻工作要求的特殊的调查研究，是按照唯物辩证法的要求，到商务领域的主战场，去寻找、发现和采集具有传播价值的重要素材的整个过程。

采访与通常意义上的调查研究相比较，既有相同点，也有不同点。相同点主要表现在两个方面：

——两者都是实践活动，因此都必须以马克思主义认识论为指导，确保主观认识符合客观实际；

——两者都必须坚持正确态度和科学方法，坚持一切从实际出发，实事求是地发现、考察、分析和研究问题，获得真实的、有说服力的材料，弄清事物的真相，探求其本质与规律。

不同点是由采访本身的特殊性所决定的，这就是采访更具有新闻性、时效性、广泛性、灵活性、持续性。

商务新闻采访的这种性质，对采访活动起着决定的、支配的作用，并使采访活动的过程具有一定的规律可循。

商务新闻采访活动的一般过程是：记者依据一定的新闻线索，有所准备地深入商务企业、人士、相关商务部门，深入商务事件的现场、商务工作实际和商务生活，通过一定的活动方式和使用某种手段，从现实中寻找和发现具有新闻价值的商务新闻素材、挖掘新闻背后的意义，并迅速、及时地加以搜集、核实和整理，从材料、观点和角度等方面，为从事某种新闻体裁的写作做好充分的准备。

当然，由于采访的对象不同、内容不同，报道的任务和写作体裁要求也不尽相同，新闻采访活动的具体过程也会相应的有各种不同的变化和表现。采访是记者的最基础的一项工作，也是记者工作中的一个主要环节、甚至是最根本的一个环节，它在整个新闻报道中有着极其重要的基础地位和作用。有人说，良好的采访，是成功报道的八成。当然，记者收集信息的方法多种多样，但一般说来，十之八九是靠采访获得的。

新闻采访的成功与否在相当大的程度上决定了后面的新闻写作能否成功，换言之，在新闻采写过程中，采访是写作的前提和基础，写作是采访的表现和结果，从采访写作关系的实质来看，应该说是采访决定写作，没有成功的采访，就不可能有成功的写作。具体地讲，新闻采访与写作的关系表现在以下几个方面：

——只有认识事实，才能反映事实、才能把控事实，而对客观事实的认识和把控，却可能要贯穿采访和写作的全过程，但是，认识事实的任务则要求在采访阶段就要基本完成；

——搜集信息就是搜集事实，写新闻稿件也是写事实，新闻写作有赖于对事实的搜集和素材的占有；

——采访的角度、深度、广度和精度，直接关系到写作的角度、深度、广度和精度；

——内容决定形式，形式服从内容。新闻采访是新闻写作的基础，新闻写作是新闻采访的成果反映。在“事实”成为“新闻”的转化过程中，新闻写作是一个必经阶段和一种不可缺少的手段，采访活动也要受写作的制约和检验，新闻的写作对于采访有着能动的牵制作用。

二、 新闻采访的形式

新闻采访没有固定的形式，按采访的目的分，采访有一般性日常采访，专题采访、特稿采访，还有人物专访，有人把人物专访和特稿采访归结为同一类。采访可以是记者与采访对象单独交谈的个别采访，也可以是记者对有意组织或应邀组织的多个对象同时采访的集体采访。集体采访包括座谈会和记者招待会两种形式。

一般性日常采访：这类采访通常要求比较简单，只要求搞清楚新闻发生的何时（when）、何地（where）、何人（who）、何事(what)和何故(why)以及何如(how)、就是我们通常所说的5W 和1H，这六个“何”字就是一条传统意义上的新闻必须具备的基本要素，人称“新闻六要素”。

专题采访：与一般性日常采访相比，专题采访的记者在采访前确定一个尽可能具体的采访目的并只问与采访目的相关的问题。常见的像“两会”期间，不少记者在街头就某一个读者关注的议题进行随机采访，随机找到不同的嘴巴，请他们回答预先设置好的问题，如“街谈巷议人代会”。

特稿采访：这是一项高难度的、比专题采访的对象更加广泛的采访活动，比较像我们通常所说的调查性采访和深度采访。顺便说一下，特稿和特写并不总是一码事，不能混为一谈。特写其实包括新闻特写和特稿两种。新闻特写属于硬新闻，时效性很强；而特稿则属于软新闻，时效性没有那么强。新闻特写一般是指对消息所报道的新闻事件的背景和细节或涉及的人们关心的问题的补充描述，它和消息一样具有时效性。有时候，一些关于新闻人物的新闻特写，又叫人物特写，也具有时效性，而关于非新闻人物的新闻特写，又称人物特稿，则属特稿类，则不具明显的时效性。

人物专访：顾名思义，就是对特定的人物进行采访，挖掘被采访者本身或内在的不为人知的具有新闻价值的故事，然后撰写出一篇人物报道。

按采访方式分，有直接采访和间接采访。直接采访多指当面采访，有集体采访、分别采访和独家采访，也有广播采访、电视采访、文字采访和网络采访等方式。而间接采访则包括电话采访、书面采访和网络采访。可见，网络采访既可以是直接的，也可以是间接的。

三、采访的任务

采写新闻的过程十分艰辛，既包括收集事实，也包括谨慎地核实事实，以求准确。记者有时亲自目击事件的发生，但更多的是从亲身经历者或相关专家那里了解细节。记者还会通过更多的渠道补充或确认情况，并利用公共资料、报告、档案等对所得信息和素材进行核实。

记者收集的信息和素材主要应该是对所谓“六何”的回答，即“五个W和一个H”：何人(who)、何事(what)、何地(where)、何时(when)、何故(why)、何如(how)。我们千万不能把“六何”仅仅理解为只是导语中的“何人何时何地因为何故如何做了何事。”如果是这样，采访的确过于简单，但事实上，记者采访要弄清楚的“六何”远远不止这些，要根据事件的的复杂程度，记者可能以不同的方式提出这些问题。

何人：这条新闻涉及什么人？ 什么人是现场目击者？什么人会受到影响？什么人最了解情况？什么人是解读这一事件的权威？这件事中缺少什么人？什么人还可能提供这件事的进一步信息？什么人处于矛盾冲突的焦点？什么人会处在这件事情的背后？什么人希望事件的发生、什么人策划了这一事件？我还可以就这件事采访什么人？

何事：发生了什么事？其要点是什么？我要报道什么？读者、观众或听众需要知道什么情况才能了解这件事的真相？什么令我感到意外？我所了解到的最重要的事实是什么？这件事的来历是什么？下一步会发生什么？人们能对此做些什么？

何地：事情发生在什么地点？什么地方发生过类似的事件？为了解全貌，还有什么地方记者应该去？这件事下一步还可能向什么地方发展？

何时：这件事发生在什么时间？事情的转机出现在什么时候？事情什么时候能够结束？什么时候发生过同样的事情？记者应该在什么时候报导这件事？

何故：为什么会发生这样的事？为什么不早不晚偏偏会在这个时候发生这件事情？为什么说它是不可避免的呢？为什么事态还会蔓延？为什么人们会这样做？为什么读者会关注这件事情呢？为什么这件事有重要性？

何如：事件是怎样发生的？这件事的发生将会给其他方面带来怎样的变化？普通读者将会以怎样的心态来看待这件事情？这件事会对读者、听众、观众及社会带来怎样的影响？我是怎样得到线索的？怎样才能找到进一步的事实？一个人会怎样对朋友描述这件事？

作为记者，脑子里应该始终装着这类问题，并将它们分类，按程序设置在脑海里，一旦遇到紧急采访，打开程序，就可以不让自己放过事件的重要内容。

四、采访的技巧

采访是一项实践性很强的活动，记者要善于运用唯物辩证的观点、实事求是的观点和群众路线的观点，正确处理好新闻采访过程中的微观与宏观、个性与共性、现象与本质的关系，记者和采访对象的关系，并运用心理分析加以调节和控制，使采访由表及里、由浅入深地逐步深化，从感性认识上升到理性认识，正确地认识、把握和报道客观事实。

与科学不同，采访没有一条像牛顿第一定律那样放之四海而皆准的定律。即便有过，也早被不拘一格的新闻记者们给彻底打破并严重粉碎了。本来采访并没有什么一成不变的技巧，后面我将给大家谈到的只不过是自己作为记者长期以来积累的一些经验，千万不要机械照搬，大凡技巧皆因人、因时、因事、因地而异。

如果一定要给出一个采访诀窍的话，我认为，那就是没有诀窍，只要有一种真诚而好奇的心态、敏锐而执着的眼光。这些都是我们日常采访中需要始终保持的，不管环境发生了什么变化。我的采访经验表明：有了这些，剩下的最大窍门恐怕就是：像聊天那样采访。惟一不同的是，聊天可以是无主题的，而采访则是有目的的，不过有些时候，记者也需要和采访对象或负责联系部门的有关人士一起“随便聊聊”。

常听一些年轻记者讲，当记者最头疼的是找不到采访线索，除了领导或编辑部给安排采访任务外，自己并不知道哪些事情该去采访，哪些是可以不去的。这是一个经验的问题，一个如何迅速判断出新闻价值的问题。

第二节 灵感：点燃采访的火花

一般新闻单位，记者的采访是按口分工的，所谓按口分工，就是把职能或业务相关的几个部门或行业交由某一个或某一组记者负责联系采访，行内叫跑口记者，有跑文教的，跑科技、跑卫生的、有跑政府、跑政党、跑政法的，有跑军事、跑外事、跑经济的。

我在过去的20多年记者生涯中，最早是跑文教，后来跑政法，包括中共中央、全国人大、国务院和公检法司等相关部门，最后跑中央外事和经济的。这样的条块分工有很多好处，其中之一就是固定的人跑固定的单位，既便于记者了解和熟悉所采访的领域、培养专家型记者，又便于相关单位同新闻单位建立起固定的新闻联络渠道和互信的工作关系，从而能够更加及时、准确、有效地宣传和报道各自的工作和意图。

一、采访线索的获取

记者要始终保持一颗强烈的好奇心和一种敢于怀疑、敢于追问的穷追不舍的精神。要知道事情发生的原因，就要有一股不得到答案决不罢休的劲儿！新闻采访是一项无休无止的工作，因为记者无法完全预知这个世界，也无法彻底理解这个世界，新闻每时每刻都在发生，没完没了。

新闻工作者在各种各样的地方以各种各样的方式寻找新闻线索、从而发现新闻，但是以下三种情况常常会成为寻找新闻线索的最佳场所：

——自然发生的“突发”事件，如自然灾害、交通事故；

——预先计划的活动，如会议及新闻发布会；

——记者挖掘到的新闻线索。

非计划的突发性事件常常成为主要新闻：一艘渡轮的沉没，一架飞机的失事，一次海啸、飓风或泥石流引发的灾难，皆有新闻价值，而且不但在当时如此，在数天或数星期甚至很多年之后仍具有新闻价值。

在许多新闻单位中，最常用来寻找新闻线索是当地或相关领域的主要事件日程表，即所谓“新闻日历”，包括政府会议，商家开业，社区活动等。日历上的活动都是预先计划好的，虽然不一定都具有很大的新闻价值，但往往却是记者寻找新闻线索的好地方。

经常固定报道某一专题或领域的记者，即“跑口”记者，一般都很善于通过查看“新闻日历”来找到新闻点。新闻发布稿可以是新闻的另一个来源，但这同样也只是一个由头。通过邮件、传真、甚至卫星传送，新闻编辑部每天都会收到少则几十件多则上百件的新闻发布稿。

政府官员和政府机构发布大量通稿，其他大型机构，如外资企业和非营利团体，也发布很多新闻通稿，为的是让新闻媒体知道它们正在做的事情。一份新闻发布通稿看上去像新闻，但因为其来源本身是有自身动机的，因此不可能反映全部情况。这种新闻通稿可能在事实上并无差错，但所显示的往往仅限于对发布者个人或机构组织有利的事实。即使发布的通稿看上去具有新闻价值，一个有专业素养的记者一定首先会判断其真实性，而后提出问题以确定实情，然后才决定是否值得报导。来稿照发的情形是十分危险的。

有计划有组织的活动可能会成为新闻，但是此时记者更须睁大眼睛、提高警惕，避免只宣传一方的观点，从而受到活动组织者的利用。一些投机分子非常善于通过组织活动和所谓“上镜机会”或“见报机会”来吸引媒体报道，而这些活动本身有时除了主办者自己出出个人风头外，并没有任何实在的新闻价值。然而，这并不意味着记者可以无视这些事件，而是说需要注意通过更多努力，找着真正的新闻给予全面的报导。对于大多数记者来说，真正能令人兴奋的新闻报道往往都来自于自己的挖掘。

有时新闻源于读者，比如那些通过造访、电话、电子邮件、网上聊天等来向新闻编辑部投诉的人。很多新闻单位还设立新闻热线，为人们开辟反映情况和提供新闻线索的专线电话号码和专用电子邮箱等。其实，记者花一些时间，与那些能提供消息的人沟通并建立关系是非常值得的。

记者经常也能够仅仅通过四下走动，通过与人们的交谈而找到新闻，比如从运动场或在商场排队时偶尔听到的谈话中就可能发现新闻。在没有采访任务时，不妨问问人们的生活状况或他们社区的情况；这有可能让你赶上一则不曾有人报道的新闻。另一个发现新闻的办法是提问题：在报纸或广播电视上次报道的情况之后，又发生了什么？后续报道常常能反映出比即时报道更有新闻价值的令人意想不到的发展。

采访总是从寻找线索开始的。

以《国际商报》为例，它的新闻线索的来源一般有三个渠道：

一是来自商务部、海关总署和其他联系采访的机关部门和企事业单位发来的通知和邀请函；

二是来自通讯社稿件、商务部派驻国内各特派员办事处、报社驻各地记者站和中国驻国外使领馆经济商务参赞处及外国驻华使馆经商处来稿中的线索、读者通过新闻热线提供的报料和读者来信，各类相关网站的信息；

三是来自记者通过大量调查研究后产生的灵感。

第一个渠道是商务部和记者分工联系采访的其他机关部门或企事业单位给编辑部或记者本人发过来的采访通知或邀请函。《国际商报》作为商务部主管的一张全国性商务类报纸，来自商务部的每一条新闻线索，当然都是很重要的。

此外，这类线索不管有没有新闻价值或新闻价值高不高，但出于宣传的考虑和维系与联系部门的关系需要，一般采访回来后都是可以发稿的，只是分量轻重不同而已，因为这些线索已经经过有关部门的领导或编辑部初步衡量与审核。记者自然要认真对待根据这种新闻线索进行的采访活动，但不能把这种线索当作固定不变的框框。重要的是，记者应当主动与有关领导机关和编辑部联系，从他们那里获得可供采访的新闻线索，不能“坐等”，否则工作就会陷于被动局面。

第二个渠道是依靠通讯社稿件，商务部派驻国内各特派员办事处、报社驻各地记者站和中国驻国外使馆经济商务参赞处及外国驻华使馆经商处来稿，读者来信和读者通过新闻热线提供的报料，以及各类相关网站的信息。

这些都是非常重要的商务新闻线索来源。

首先，记者从商务部、联系部门或单位得到的线索总是有限，而且多属宣传性的；其次，一家新闻单位，不管有多少记者，光靠记者自己去发现新闻线索，纵使他们个个三头六臂，也一定会有不少“新鲜的活鱼”漏网。为此，编辑部要求记者充分利用通讯社稿件和商务部派驻国内各特派员办事处、报社驻各地记者站和中国驻国外使馆经济商务参赞处及外国驻华使馆商务处来稿中的线索，去做进一步的深入采访。同时，还要鼓励记者应当千方百计最大限度地利用好编辑部开通的新闻热线，加强同社会各方面的联系，广交各界朋友，建立庞大的线索提供网，让新闻线索源源不断流向编辑部，然后编辑部经过筛选，把有价值的线索再安排给相关的记者去采访。

第三个渠道是记者通过调查研究后产生的灵感。

记者通过前两个渠道得来的线索进行的采访都是比较被动的，只有是在通过自身进行的调查研究后产生的灵感里得来的新闻线索，采访才可以说是主动的，记者的感受一般都比较深，采访的目的也比较明确，因而较有把握取得好的采访成果。

那么，采访的灵感来自何处？怎样才能找到好的采访线索？《红楼梦》里有一句话大家都很熟悉，叫：世事洞明皆学问，人情练达即文章。很多人也说：处处留心皆学问，人情练达即文章。我觉得，这个句式也完全适用于新闻：处处留心皆新闻，娓娓道来即报章。

新闻无处不在，它就在我们身边。记者不能总是整天在办公室里坐等新闻线索，而是必须通过广泛深入火热的商务生活，处处当“有心人”，从直接观察和“每事问”中获得新闻线索，也是不难的。但能否最早发现它并用适当的形式及时地将它告知社会公众和广大读者，决定于我们是否拥有一个能够敏锐地“嗅到”新闻的鼻子，就像拥有一双能否发现生活中无处不在的美的眼睛一样。

那么，什么是灵感呢？我认为，灵感就是思想的火花。它是在长期的学习、实践和不断积累经验与知识之后，突然间产生的一种富有创造性的思路，有时甚至表现为一种强烈的激情、冲动和欲望。

二、 灵感从哪里来？

那么，如何使这种思想的火花总能够在自己的脑袋里不断闪现呢？

—— 靠阅读“窃取”思想。

一名优秀的商务新闻工作者首先必须是一位广泛的阅读者。这倒不是因为阅读总能够给人们带来快感，相反，大量的阅读可能是因为枯燥无味而给读者带来痛苦。但要想成为一名“思路如泉涌、落笔若神助”的记者，就必须顽强地承受这种痛苦，并从中体验找到灵感所带来的乐趣。因此，阅读大量的有关商务出版物是一个商务记者每天必须完成的“功课”。

首先是要认真阅读党和国家最新出台的对外开放政策、商务方针、政策、领导人与商务有关的讲话和编辑部的相关报道计划，明确采访方向和报道意图；其次是翻阅报纸，本报和类似的报纸都要翻阅，一方面，因为在新闻竞争如此日益激烈的情形下，知己知彼才能百战不殆；另一方面，阅读同行的报纸还能开阔自己的视野。

翻阅同行的报道，对已发的新闻，进行追踪采访，从中发现新的线索，不仅可以让一名记者能够紧跟事件的发展，在竞争中不至于落伍，而且有可能会给记者提供同一事件的不同视角，挖掘第二视角，加以补充采访，进行跟踪报道，往往会收到“后声夺人、后发制人”的奇效。

上世纪90年代，取代关贸总协定的世界贸易组织成立在即，中国恢复关贸总协定缔约国地位谈判进入关键阶段，主要缔约方借着中国想成为世界贸易组织创始成员的心理，千方百计抬高要价以争取最大的利益。

1994年7月的一天，当时的外经贸部部长吴仪在一次会见美国客人时，有一段关于中国复关谈判进入关键阶段的表态，不少记者采访并报道了这次会见，把吴仪部长的表态也写进了稿中，只是稿件当时是按照日常的外事稿件处理方式写作的，都没按照新闻写作的基本要求把重要信息放进导语里，所以稿件发出后并没有引起外界的注意。当时我还在新华社，我看了稿件以后，觉得十分惋惜：一个重要的声音被淹没在乏味的文字之中了。

这个被淹没了的声音就是：“中国不会不惜一切地复关”。应该说这是中国政府自1986年申请复关以来第一次发出如此明确而又强烈的信号，也是第一次向世人公开指出了“美国带头阻挠”的事实，意在警告那些疯狂要价的以美国为首的主要缔约方要“适可而止”，否则，“中国在过去8年谈判中所做的一切努力都将付诸东流，所有承诺都将无效！”

可惜当天在场的记者都没能突出这个声音。稿件发出没有引起外界的注意。好在第二天，吴仪部长又要会见另一批美国客人，我决定自己去采访。不出所料，吴仪重申了前一天的表态，但由于根据中央外事新闻报道的要求，这只是一次级别较低的礼节性会见，所以很多到场采访的记者还是和前一天一样，发了一条简单的消息。而我不仅把“中国不会不惜一切复关”这句话写进了导语，而且用它做了标题。稿件发出后，美联社、路透社、法新社和合众国际社等四家外电迅速作了详细转播，并发表评论。稿件发出的第二天，美国有关方面的人士即致电中国复关谈判代表团，表示愿意加快中国复关谈判进程，几天后，美国负责亚太事务的助理国务卿洛德等人也纷纷放出风来，表示愿意讨论中国复关的身份地位问题。

此外，要大量地阅读有关商务方面的专业杂志、专业期刊、行业内部通讯和相关学术刊物，因为这些出版物能够给我们提供商务领域的最新进展和原创思想。鲁迅先生笔下的孔乙己说过：偷书不能算偷，读书人的事，怎么能算偷呢？这句话确实令人哭笑不得，但如果我们从所阅读的内容中“偷取”思想才是真正不能算“偷”的，就像我们经常到通讯社的电稿中获取线索并加以策划和组织采访报道一样。

—— 靠交锋“碰撞”思想。

三个臭皮匠，赛过诸葛亮。阅读之余，仍然没有出现灵感。怎么办？那也不要灰心，也不要认为读书无用，开卷总是有益的。不用闭门造车，我们可以走出去，或到专家那里拜访一下，或到政府部门的朋友那里小坐片刻，甚至直接到一些分工联系的部门去看看，去找找，抑或找几个志同道合的业内同行到茶馆或咖啡馆里山南海北地聊上一通，交流信息，互相切磋，把自己的想法和问题摆一摆、议一议，说到兴头上，彼此再辩一辩。这种相互交锋，往往就能够碰撞出难得的思想火花，使得我们茅塞顿开。这种思想火花，可能正是我们求之不得的灵感。

—— 靠“假设”求证思想。

靠“假设”求证思想，其实是一种思维方法的问题，一种态度的问题，看上去，更像是一种“纯粹的想象”，但是，我们确实既可以在阅读报纸、期刊时运用这种思维方式去思考或看待每一篇稿件，也可以在和专家、朋友聊天时，用这种方法去思考、去辩论、去探究。

靠“假设”求证思想的思维方法，就是对任何一条新闻用“如果……那么……”的句式，提出设想，看能否推导出有新闻价值的线索或全然不同的第二、第三角度。当然，提出这一思维方式并不是提倡怀疑一切，只是希望它能给我们打开更多接近事实真相的窗口或通道，带来更多的思想或灵感。况且，对于一个记者来说，始终保持好奇心和怀疑心都是很重要的。因为好奇是获取新闻线索、收集更多新闻事实和深入事实本质的动力；而怀疑则不仅是获取新闻线索和深入报道的需要，更是保证新闻准确、客观的需要。

美国天普大学希雷·华尔德教授（Hiley H. Ward）在其《深度报道》(Reporting in Depth)一书中给他的学生们开出了一个帮助获取灵感的处方：

——研读出版物。一些专业期刊或学术刊物总是最先报道相关领域的一些最新进展，但由于其极强的专业性和学术报告本身的文字比较晦涩，这些报道因而容易被很多读者忽略。

——查看电话簿。闲暇的时候，翻一翻手头的电话黄页，你会发现许多不同寻常、显得新鲜的职业、服务机构、社团组织和略显另类的组织，其中许多地方都可能是一个可以捕捉到鲜活新闻的地方。

——走访权威者。所谓某一领域的权威就是一个对该领域几乎无所不知的人，但在其心灵深处的某个地方，兴许就藏着非常耐人寻味的故事。

——加入俱乐部。加入一个小团体或俱乐部，了解它的安排，留意每一个新闻事件。看看哪些幕后新闻可以写进稿件？即便没有什么可写的，那些背景各异的会员也会成为值得交往而且有益的消息来源。

——成为内行人。无论是哪个领域，只要你采访时间长了，你就应该设法使自己成为这个领域的专家。你的经验和阅历会使你不会错过任何一个发现灵感的机会，你会及时发现新闻线索并抓住机会去采访、去写作。

——走进档案室。子曰：“温故而知新”。时常去一去资料室，档案馆之类的地方，翻一翻，看一看，一些令人惊奇的发现，一定会让你如获至宝。档案、资料、公共记录也可以引出极有价值的新闻。记者可用它来寻找趋势或发现异常。这样做要花费很多力气，不过几乎也总是会得到相应的回报。比如，电子资料最方便，但在资料没有电子化的情况下，据说有的记者把书面资料输入电脑资料库程序，为的是能够在大量的统计资料中寻找最重要的信息。

——撰写新简介。尝试着给你采访对象的人或机构写一个新的介绍。把你所掌握的有关采访对象的任何信息一一列出，你同样会发现一些特别有趣的信息会突然间浮现在你的眼前，一些同样令你疑惑不解的问题也会常常出现在你的脑中，无论你自己觉得对采访对象多么了解和熟悉，这种习惯都会让你受益匪浅。

——编织“嘴巴”网。每个人在自己生活和工作中都会有一些自己的朋友。不要整天就和几个亲近的朋友扎在一起，要走出自己生活中的小的朋友圈，多与采访中遇到的一些新朋友来往，努力建立起一个有利于我们事业发展的大的朋友圈。这种事业朋友圈里的朋友越多，就意味着关键时刻我们会有更多的消息来源，就会在我们需要的时候找到更多的“嘴巴”。那样，我们的眼睛就会比别人看得更远，我们的耳朵也会比别人听到得更多。

——寻找独家性。对于任何一个有一定采访经历的记者来说，恐怕没有人没参加过“记者招待会”或“新闻发布会”。大家对这种形式的采访都很熟悉，完成任务也是不会有什么困难的，只是人家说什么，自己回来就写什么，与别人的稿件没有任何不同。但要出色地完成这样看似平常的采访任务，写出与众不同的独家报道，就不是那么容易的一件事情了。首先，我们不要想当然地别人说什么，自己就信什么，甚至就报道什么。这样做，记者就成了一个没有任何思想的传声筒。其次，永远不要随大流，那样的话，只能永远做一个平庸的记者。

怎么办？只要有可能，就在“记者招待会”或“新闻发布会”以及各种各样的会议之前试图挖出自己的独家新闻视角。通常情况下，研究一下跟会议内容相关方面最近最受关注的地方，如果能在其他报社有几个哥儿们或要好的朋友，并在事先就此与他们一一交换一下看法，将会让我们大获裨益。

——保持好奇心。始终保持一颗好奇心，是一个记者保持生命之树长青的秘诀。哪一天，当我们对一切都熟视无睹、司空见惯了，当我们完全失去孩提时代那种好奇心，我们的记者生涯也该结束了。如何才能使我们的好奇心永不泯灭呢？一条：保持童心。像幼小的孩子那样，凡事多问几个为什么，决不想当然！

为什么会这样，而不是那样？为什么这件事情会让他陷得这么深，而她却与之没有丝毫的关联呢？为什么这件事情不早不晚就正好在这个时候发生了呢？哪怕已经有了十万个为什么，只要没弄清楚，只要还有是自己觉得奇怪之处，那第十万零一个为什么又何尝不能再问呢？

——放飞想象力。爱因斯坦说过：想象比知识更重要。如果好奇心是一个优秀记者必须具备的基本特质之一的话，那么，非凡的想象力就是一个与众不同的记者必须具备的又一个特质。

在我看来，一个想象力严重匮乏的人要成为一名出色的记者，简直无异于徒步登天，甚至比徒步登天还难。

那么，怎样才能放飞我们的想象、让想象插上翅膀呢？一方面，我们应该养成一个“仰望星空”的习惯，另一方面，要敢于怀疑。这就回到了我们前面所说的那种“纯粹的想象”了：用“假设”求证思想 —— 如果……那么……， 或者，就简单地问一问自己：换个角度会怎样呢？

最后，无论我们采取哪一种办法，我们都不能忘记做一件事：随时记录下来我们的灵感，即我们的思想火花，因为这种灵感都是在特定条件下才迸发出来的一瞬即逝的念头。我们一方面要把当时想到的新闻点迅速做成笔记，记录在案；另一方面要把重要的资料做成简报收集起来，以备日后查考。

《华尔街日报》的头版资深撰稿人威廉·布隆代尔在其《特稿写作的艺术》一书中曾说：“数据可以储存在脑子里待以后去回忆，但灵感和创意却不同，它们像晨雾一样，往往很快就会消逝。”

第三节 机会：幸运之门的钥匙

记者采访本来应该多数是自己主动联系的，但在中国，很多情况下，情况恰恰相反，有很多采访是不需要事先主动联系的，主要是记者坐等。许多新闻单位都是这样，记者在家里或办公室就可以通过电话、传真或短信、邮件等各种形式接收到联系单位发过来的采访通知、请柬或邀请函。

像这样的采访多半是主办单位出于宣传的需要，邀请媒体记者去帮助发布、传播他们希望发布、传播的内容。这些内容有时也是有一些人们感兴趣的信息，但无论如何不能否认的是，这些采访活动至少有一半是主办单位纯粹为了宣传或造势。

真正的新闻，除突发事件外，多半是需要记者通过自己发现线索或根据编辑部要求、根据读者的兴趣去主动联系安排采访的。这种联系还经常让记者感到失望，因为，好多人觉得接受采访不是他们的本职和义务，相反，多数被访者相信，多一事不如少一事。这种情形是如此之普遍，以致我们在联系采访时经常能碰上这样那样的挑战、推辞和拒绝，吃了很多的闭门羹。

一、采访对象的选择

找到了采访线索，就要确定采访对象。那么什么样的人才算是合适的采访对象呢？记者采访的对象有两种：掌握第一手信息来源的采访对象和掌握第二手信息来源的采访对象。第一手信息可以是个人采访，如采访对某个事件或问题的直接经历者，也可以是掌握与问题直接相关的原始档案。第二手信息来源可以是根据原始档而产生的文字报道。

记者平时除采访外，一个重要的工作就是建立自己的“嘴巴库”。所谓

“嘴巴库”就是记者平时采访中积累起来的采访对象联系表，表上记载的都是各方面的权威、专家和官员等人的姓名、职务和联系方式。在需要的时候，记者总是能够从中找出合适的采访对象。

记者选择采访对象时应该遵循的一条经验是，单一来源不可能提供全部完整准确的信息。第二手来源的最大好处就是，它能够帮助充实和核实记者从第一手来源获取的信息。

无论通过哪一种来源，关键是要注意信息和素材的真实性与可信度。如今，任何人都可以设计出看上去非常专业的网站，都可以成功发出看似真实而其实是假冒的电子邮件。网上能查到的信息并不意味就是真实的信息。记者需要核实所有信息的来源，决定其是否有足够的可信度，是否可写进新闻稿件中。

采访中，采访对象的取舍是一个重要环节。记者可以从以下几个方面来判断自己是否选择了恰当或最佳的采访对象：

——采访对象是如何得知这个消息的？就其个人身份或专业背景而言，他是否亲历了或应该知道这些事情？

——记者应该如何通过其他渠道或其他资料来核实这一信息？他所提供的这种观点或信息在多大程度上能够代表主流意见或者反映事实？

——采访对象过去的信用记录如何：他是否可靠？是否可信？记者决定采访他仅仅是因为这样比较简便吗？还是因为从他这里能找到有益的信息？采访对象愿意接受采访的真正动机是什么？是为了给他自己脸上贴金，还是为了让他的老板难堪？

一旦发现了对某一情况有用的采访对象，最好与其保持长期联系。从每位采访对象那里尽可能获得更多的通讯联系资讯，不仅是办公地址与电话号码，而且包括手机号码、家庭电话号码、电子邮箱以及MSN账号等。

有经验的记者会跟采访对象做经常性的“工作”，时常同他们联系，不仅了解是否有任何有意思的资讯，还会尽可能为采访对象同你联系提供方便，例如，把你的名片发给采访中遇到的所有人。

所有接近信息来源的人，包括秘书、文书等，都可能成为记者的消息来源，进而成为嘴巴库的成员。他们常常知道哪个人最了解哪些问题。记者若尊重他们，采访他们上司的要求可能会得到更快获准。

二、机会是怎样争取到手的

在联系采访时，通常我们必须说服对方接受我们的采访，也就是说，必须给对方一个必须接受采访的理由，因为联系和约定采访并不总是一帆风顺。人们也许不愿意接受记者采访，特别是当采访的事件具有争议的时候。与官员们打交道时，记者尽管可以提出，公众享有知情权，有权利了解政府在做什么。但让记者感叹的是，老练的官员们总会提出非常好的藉口来推辞，怎么办？经验丰富的记者也总是有办法说服那些最不情愿的官员接受采访：

——如果借口没有时间，记者可以提出在被采访者最方便的时间和地点进行采访，而且采访时间不会太长，绝对不会影响他们的工作；

——如果对方说他们害怕，因为他们认为消息发出后会让他们难堪，记者就要尊重他们，明确告知对方自己的采访意图，最大限度地减少对方的担忧；甚至还可以告诉对方，让更多的人了解他们，是澄清事实、说明真相、表白自己的绝佳机会；

——如果他们说自己不了解情况，既没有得到授权，也不知道要说什么，记者需要说明为什么这件事特别需要他们的观点，因为他是这方面的权威，社会期待着他们的说法。

——如果他们可以躲避、很难找到他们，记者经常要通过秘书或公关人员来联系被采访的人。记者如果担心自己的采访要求没有被汇报上去，有时会直接给采访对象发短信，或者在中午吃饭时间或下班后的时间打电话，争取与采访对象直接取得联系。

——当然，我们还可以告诉对方，出于这么多年的友好交往，出于对媒体的同情、支持和友谊，请他给个机会。

在中国，虽然越来越重视媒体了，但是不少人还是不习惯跟媒体打交道，更多的可能是借口没有时间、或对话题不感兴趣、或为人处世低调、或自称外行不明内情，但只要记者坚持，表现出执着，也许会打动对方，因为一般人也不会坚决不给面子的。

然而，如果出现下面一些情况，要想说服对方，可能就不是那么容易的事情了：开始警觉记者的采访动机、因为自己言谈举止使得记者的资历开始受到对方的怀疑，或者一些势利的采访对象压根看不上记者所代表的媒体、歧视媒体的卑微，要记住：这种媒体歧视实在可恶，但它确实存在哟。即使遇到了这种情况，也千万要沉住气，不到最后不要放弃。即便最终遭到拒绝了，也不要心存记恨。

记者还要有一种不同于常人的地方，就是脸皮要特别厚，如果你害怕靠近陌生人，他们就很可能会拒绝回答。“一分付出，才能一分收获”。所以，不要一遭拒绝就灰头土脸、垂头丧气，相反，要想方设法说服采访对象接受采访，要有一种不达目的决不罢休的精神，坚持不懈，厚着脸皮不停骚扰。你只要努力，就可以采访到任何人。不是说办法总比困难多吗？

多数情况下，不妨采用骚扰战术，实在不行，就死嗑。要善意地发起全面进攻：发短信、写邮件、打电话、托更多的朋友说明采访意图，一次不行第二次，二次不行三次，总有一天他抵挡不住了，于是会给你10分钟，其实，只要你有10分钟你就成功了。因为，一旦你到了他的办公室并坐在他的对面，你的敬业精神和职业操守早已使得约定的时间长短变得不再重要了：如果谈得投机，问题问得专业，原先约定的10分钟也许就变成了 1 个小时，甚至更长。

说服重要采访对象接受采访的小窍门：

1、组织上的安排，成功可能性最大！

直接找到采访对象的上司，或者通过组织跟组织联络，中国人的组织观念之强，有时会超出人的想象。用这种办法联系采访，效果往往很好！

2、找中间人介绍。

这也是一个无数次被经验证明了的颇为有效的办法。请一个采访对象的朋友作为中间人，帮助穿针引线，把记者引荐给采访对象。它之所以奏效，是因为中国人一般不驳朋友的面子。

3、电话、写信或其他途径暗示他“你不接受我的采访是你的损失”。但不要以威胁的口吻，要婉转、要注意态度。同时，做足功课，看看原来的采访记录，找找他感兴趣的话题或者是他从来没有说过的话题。

4、不求采访之名，只求见面聊天。

平时，大家在一起有说有笑，谈笑风生，但你突然提起要采访他时，他会立即严肃起来，板着面孔：聊聊可以，采访就算了吧！在我的采访生涯中，刚开始此类情况可谓屡见不鲜，后来，我改变了策略，联系采访时，一般不说希望对方接受采访，而只说有些问题想去请教对方，如果对方有空的话，只想见见面，一起聊聊，听一听他们对某些事情或问题的看法和建议。果然屡试不爽！

聊天结束后，告诉对方，他今天的谈话非常精彩，要是整理出一篇新闻稿一定会引起不小的反响。通常对方的反应会是：那你就整理整理，整理出来后让我看看再说。然后待记者迅速把稿件整理出来、再征求对方是否同意发稿，通常不会遭到拒绝，最多是把稿件某些地方稍稍改动一下。

5、厚着脸皮，咬住不放，敲开拒绝之门。一旦得知采访对象的行踪或线索，就要厚着脸皮，紧随其后，咬住不放，直软磨硬泡、到敲开拒绝之门。

6、硬着头皮，迂回突破，获取有用信息。

当采访对象不愿配合采访时，记者必须硬着头皮，采取迂回战术，从侧面寻找突破点，通过多种话题来调动被采访者的兴致，让其自动放弃戒备之心，或是通过旁敲侧击，以此获取有用信息。

7、傍大牌，跟着别人，接近采访对象。

实在约不到，还可以尝试最后一招：傍大牌。不管采访哪个行当，总有一些名气大、水平高、实力强的记者能够成为名记，他们在这一领域基本上能够做到，即使不能呼风唤雨，至少可以想见谁见谁。我们可以和这样的人做朋友，多向他们请教和帮忙，甚至可以跟着他们去旁听。而通常，这类记者中的“大腕”对待这种来自的同行的请求，还是乐于提供帮助的。

我们必须记住的是，如果你不去采访重要人物，只参加新闻发布会，你是永远混不出个样来的。记者的成功，往往就在于你采访重量级人物的多少，而不在于你采访过多少事件！没有采访重要人物的经验，我们永远不会知道如何采访。

通常，我们当然可以理直气壮地告诉我们要采访的人，作为记者，只要他是我们所采访的这个领域的人，我们都可以采访。他有权拒绝采访，但接受不接受采访不仅仅是他个人的事情，虽然采访他是对他好，是关注他，是尊重他。采访他，是因为他是社会名流或公众人物，社会名流或公众人物对社会是负有责任的，他没有道理不接受采访，没有理由不把事实真相告诉尊重和爱戴他的社会公众。

他如果是看不起我们所代表的媒体，或者嫌我们的媒体地位或知名度不够，我们便可以在介绍自己媒体的同时，直接告诉他，决定他是否接受记者采访的理由，不应该在于记者在哪个媒体，而只能在于记者的采访出于什么目的。

非常时期如何约请采访对象呢？在采访对象的非常时期，如果根本找不到他，那是否就没有任何办法了呢？紧急情况下，一时间实在难以找到采访对象，我们可以在继续通过种种关系设法找到他的同时，采访他周边的人，如他的上司、员工、家人或朋友等熟悉他的人。在非常时期，采访对象可能觉得采访会坏他的事，不希望被采访。因此写文章的时候一定要注意，不要通过文章伤害到人家。

三、跟未曾谋面的采访对象电话约会

联系采访远远不是简单的一个电话就能搞定的。尤其是未曾谋面的采访对象，电话预约采访的难度可能更大，但实践中，这种情况太多了。

最好能找到一个采访对象的朋友，请他协助安排可能会省却很多周折和口舌。实在没有办法只能自己硬闯了，但这种硬闯必须是文明而有礼貌的，尤其是在通过电话联系而不是当面的情形下，更不能让人感觉鲁莽和冒失，任何一个鲁莽和冒失的行为都可能会给对方留下厌恶的印象，从而造成采访机会的丧失。

千万不要小瞧打电话，这里可是大有学问呢！说真的，现在不会打电话的人确实大有人在。比如说，当你正在厕所的时候，突然电话响了；或者正在主持一个会议、正在吃饭、睡觉或洗澡的时候，你的手机响了，你的感觉是什么呀？——这倒霉的电话来得真不是时候！

由此可见，打电话的首要问题是选择致电的时机。很多时候，时机就是一切。

选择了一个好的正确的时机，还要努力在电话中给未曾谋面的对方留下一个良好的印象。首先要自我介绍，说明自己的身份，不管你是为哪个媒体服务的，在介绍自己时，都应该不卑不亢，首要的是使对方感觉到你的真诚，告诉他你为什么要采访他，采访他对你对他和对公众都是何等的重要。

其实，做到这一点才只是离成功更近了一步，但远远没有成功。因为这只能给对方留下一个好的印象，还不一定就能足以让对方决定接受你的采访。一般来说，很多知名的专家、学者或权威人士，都是不太情愿花时间去接受一个初出茅庐的毛头小子或黄毛丫头或整个一个门外汉的采访，尤其又是一个连面都没见过的人，因为在他们眼里，这样做无异于瞎耽误工夫。

怎么办？我的经验是，最好在电话里跟对方说一些内行话，使用一些他们熟悉的语言，让他们感觉你是他们的同行。这就需要我们在电话联系采访之前，要先熟悉一下采访对象的背景和他所在领域的一些最新情况。这样，一下子就拉近了你和对方的距离。

还有一个心理因素，我们在电话联系采访对象时必须记住的，就是很多人由于种种原因一听是记者采访，就会产生一种排斥或躲避的本能反应，这或许是出于国人对媒体的敬畏，或许是因为多一事不如少一事的过时的旧观念作祟，或者是惧怕被理解为出风头，反正这种情况是经常发生的。此时，我们可以用“有问题向他请教”之类的话来代替“采访”的字眼。

电话联系采访时，一定要说明你需要的时间不会太长，尤其是对于那些确实工作繁忙的采访对象，一定要把采访时间说得短些再短些，通常说不会超过半个小时，当然能长一些更好。这样做的好处在于第一，容易被接受；第二，要短时间内完成访谈，对方不得不提前做好充分准备，有经验的采访对象多会给你准备书面材料；第三，如前面谈到的，一般来说采访对象会给你更长一段时间，至少一个小时，甚至更长。

电话联系如果出现困难，没关系，不要气馁，给对方发一个邮件或者如果时间允许的话，给对方写封信，不回复邮件或不回信也没有关系，这不又给了你再打电话的机会了吗？

四、怎样与采访对象打交道

跑口记者熟悉所负责的领域和地区以及有关人物。商务记者的基本责任是掌握所负责的商务领域的新闻动向，随时跟踪商务领域内的消息及日常动态——会议，报告，网上信息发布等。

但是，除此之外，商务记者还必须自己挖掘非日常性的新闻。他们要自己想办法来了解情况，需要同消息人士建立关系，从那里了解各种公开甚至幕后的真实情况。

商务新闻的报道形式广泛，既会有突发新闻，也会有特写报道。最好的商务记者是大脑清醒、有条理、有意志、有使命感，并且有广泛的消息来源。记者无论自己选择，还是被分配报道商务领域，都必须首先掌握一个至关重要的基本技能：明了商务领域的主要部门。

虽然了解一个系统的运作要花很多精力，但正因为如此，商务记者能够采写出令非专门负责商务报道的记者望尘莫及的报导。

商务记者对商务领域应该非常熟悉，除了政府机关的商务机构外，对商务活动有关各方的情况都要有所了解：谁是有影响的各方？谁是负责人？谁是管理人？有哪些规定？如何运作？谁知道真实交易的情况？我怎么得到它?

要得到这些问题的答案，记者必须下工夫，要熟悉路径，保持渠道畅通。除了尽量阅读有关这个领域的材料，了解会议时间和议程，订阅专刊外，更重要的是，必须出去“跑”消息，必须到商务工作的实际中去，与人见面，与人交谈。仅仅依靠电话、电子邮件，坐在办公室里喝茶，记者是得不到真正的新闻的。

商务记者应该想方设法认识每一个可能提供帮助的人——从官员到文秘——把名片发给采访中遇到的每一个人。记者要建立消息来源的“嘴巴库”，就要经常检查一下“联络路线”是否畅通，必要时加以适当维护，以保持与他们的联系。

优秀的商务记者不但熟悉商务领域中能够左右风云的人物，而且善于探讨他们的行动对社会的影响。商务新闻报道工作要求记者大脑清楚、精于社交。有条理意味着要通过日历把握会议、听证、报告发布时间或行动最后期限等资讯；意味着随身携带一套资讯工具，可以随时输入调出联络信息，特别是电话号码与电邮地址；意味着能够随时把未来报道设想存档，有为跟踪消息而每天需做事情的清单。

但是，记者在办公室外也需要这些资讯，因此，他们或带上一份打印材料，或携带一个手提电脑，或使用可无线连接互联网的掌上电脑。鉴于技术手段有时会有失误，必须经常将资讯复制储存。从事跑口报道意味着，既需要与口内人士建立足够密切的关系，使他们信任你，又必须保持专业工作的距离。

需要注意的是，任何情况下，对于采访对象，我们必须坚持“三要三不要”原则：要心地善良，不要心怀恶意；要脑子清楚，不要充当炮灰；要手脚干净，不要牟取私利。

要心地善良、不要心怀恶意。对采访对象要以善为本，不要抱有恶意，要坚持正面报道为主，即便是舆论监督，也应该出于善意，要只帮忙而不添乱。如果你让人觉得你是专来找碴的，不但你写不出故事，他还会通过行内的朋友圈子，让你名声扫地，使你采访不到任何人。

要脑子清楚，不要充当炮灰。脑子清楚，时刻保持一颗清醒的大脑，对于一个记者来说是十分重要的。头脑清楚，才能冷静，才能做到独立思考，不人云亦云。重要的是，头脑清楚了，才能不被采访对象当枪使。

但是，记者必须努力做到公正全面。他们努力讲述准确而真实的情况，反映的是实情，而非仅仅是自己或他人对实情的看法。新闻报道与其他资讯形式的一个区别是，新闻工作者努力做到与报道对象保持独立。公关公司受雇于机构，他们所提供的关于这个机构的信息，不会包括任何不利于这个机构形象的资讯。

相比之下，记者的介绍致力于完整，即使其中有些不是正面的内容。记者不是仅充当自己的观点或他人提供的资讯的传声筒。他们要从头组织起自己的报道，决不把事实与意见或谣传相混淆，并且要有良好的判断力。新闻工作的一个主要责任是“判断资讯”。记者不同于其他信息传播者的另一点在于，记者的第一忠诚是对公众。一个报纸最重要的资产是它的操守。这种操守换来的尊重，得之困难，失之容易。为保持这种操守，记者应付出巨大努力，避免给报纸品牌带来任何实际的或印象上的损害。

作为行业媒体，和一些采访对象走得更近一些，这很正常。但企业与企业间有合作也有竞争，有时候也会有些不法竞争的行为。作为记者，一定不要在采访对象面前对其竞争对手说长道短，不要一不留神就卷进企业间的纠纷中，更不能帮助甚至参与一个企业打击其竞争对手，这既是不道德的，也是很危险的。我们绝对不能笨到甘为他人炮灰或枪手的地步。

要手脚干净，不要牟取私利。这一点对于商务记者尤为重要。我们的主要采访对象除了各级政府官员外，大多数是商人和企业家。记者因为工作关系经常与一些商人和企业家交往，有些甚至成为很好的朋友。但无论如何，要注意利益冲突，不能用交情换金钱、不能牺牲报社利益获取个人利益，那不仅是违背职业道德，更重要的可能会发出误导读者的报道，这样就成了对读者的犯罪。

此外，由于记者接触面广，认识人多，积累的人脉关系是一种丰厚的社会资源，很多采访对象遇到一些难题时喜欢请记者朋友帮忙，利用工作方便为采访对象或企业解决困难提供一些方便本来是无可厚非的，但一定要看什么事情或者什么样的忙，千万不要轻易承诺帮助“摆平”之类事情，记者只能做自己分内的事，不要为一己私利去伤害别人，要努力使自己成为一名绿色的无公害记者。

处理好与采访对象的关系，还包括要信守承诺：

大多数采访内容都是可以公开引用的，意思是记者可以援引被采访者所说的话，并直接说明出处。让采访对象清楚这一点是很有必要的，特别是当他们是不习惯于被报纸或电台电视台引用的普通人。如果采访对象提供的信息或事实不是可以公开引用的，那么记者与被采访人必须事先就公开使用这些信息和素材的条件商量出一个解决的办法。

一般而言，背景吹风或不具名采访的意思是，新闻报道可以采用这些信息，也可以直接引用原话，但不能透露消息来源的姓名；可用泛指的方式说明来源，如“消息人士”、“一位官员”或“一位公司员工”等，但前提是，必须征得消息来源的同意。

在西方，许多新闻机构对使用隐匿消息来源有明文规定。比如，《纽约时报》规定："使用不具名来源只适用于以下情况，即当本报没有其他办法公布我们认为是可靠并有新闻价值的消息时。当我们使用这些来源时，我们不但有责任使读者相信来源的可靠性，而且有责任让读者体会出来源这样做的动机所在"。而在中国，由于缺少限制性明文规定的约束，隐匿消息来源的报道方式却有被滥用的危险。

国外还有一种提供信息的方式，就是以"不供引用/非正式的"方式所提供的信息，这种情况下，记者得到的信息完全不能用来报道，甚至不能向另外一个采访对象说出来，但是它可以给记者带来启示，从中发现值得追踪的新闻。

无论是哪一种安排，记者都应该尊重采访对象，遵守约定，并积极采取措施保护采访对象，以免给采访对象造成不必要的工作和生活上的负面影响。

另一个记者需要了解的重要基本规则是，消息来源对公开信息的时间会设立了"最早时限"，即消息来源提供信息的条件是，在某一个特定时间之前，记者不得使用这一信息。例如，政府部门在发布某项白皮书或重大消息的前几天，就可能会向记者提供待定稿或相关材料，以便记者在有关的正式新闻发布会以前有充分的准备时间。记者应该而且必须遵守所获信息的时间禁令。

第四节 案头：通往成功的桥梁

一、访前调研

美国童子军有一句著名的座右铭：时刻准备着。毛主席说过，要时刻准备打仗，不打无准备之仗。这句话的军事意义不言而喻，有在采访上，同样适用。

我们总不能和采访对象一见面就说："对不起，我实在太忙了，没来得及查阅资料，您能简单得作一下自我介绍吗？"要是不信，你可以试试，肯定会碰一鼻子灰。对方一定会说：既然如此，那还扯个啥？

大家都知道《飘》中的郝思嘉吧，在电影《乱世佳人》中费雯丽扮演了这个角色。一次，这部电影的重新发行的首映式在美国亚特兰大举行，一位记者走到楚楚动人的费雯丽面前，问她在电影里扮演了什么角色。结果，"郝思嘉"告诉这位记者，她没有时间也不愿意接受如此无知的记者的采访。

可见，采访前的准备工作是十分重要的。做好访前准备，不仅是接近采访对象的第一步，能尽快拉近记者与采访对象的感情距离，而且能使记者成为一个采访的快手，提高采访效率。更重要的是，访前准备做好了，还可以增强记者的新闻敏感，有利于记者更好更快地发现和抓住新闻，有助于开拓采访的深度和广度，使采访收到事半功倍的效果；相反，如果缺乏采访准备，或采访准备不充分，就盲目进行采访，就会事倍功半，或者需要"返工"，甚至重新采访。

那么如何进行访前准备呢？一般来说，访前准备包括两个方面：一种是平时烧香，即日常的准备工作，一种是临阵磨枪，即临时的准备工作。

日常的准备工作主要靠日积月累，勤学多思。要坚持学习理论政策，紧跟形势发展，时刻了解全局变化，及时掌握社会动向。同时还要努力从多方面增长知识，开阔视野。

从事商务新闻报道的记者，就要熟悉现代经济理论和党的经济政策、方针；熟悉商务工作的政策和措施。尤其在经济全球化迅猛发展的今天，我们更需要了解国际经济、贸易和投资的最新理论成果、最新动态和发展趋势。

与此同时，还要了解情况和掌握全国各地贯彻执行党和政府的商务方针政策的情况；了解和掌握商务战线广大干部职工的思想活动；了解和掌握商务工作中的最新成就、最新经验、最新机遇、最新挑战、最新的困难、矛盾和解决问题的对策与出路；了解和掌握商务战线涌现出来的典型企业，典型的人物和事件。

这样，一旦有了新闻线索，就能够迅速判断这一线索的新闻价值如何；同时在稿件中将你掌握的资料作为背景材料写进去，以提高稿件的可读性。有了资料积累，还可避免报道失实。所以，一名专业的商务记者，通常都有自己的资料库。

需要强调的是，在一名合格的商务记者的资料库中，不仅有信息源的积累、业务资料的积累、知识性资料的积累，而且有灵感的积累、思想的积累。一名优秀的商务记者，不仅要从理论上“普遍撒网，重点捉鱼”，而且要注重社会实际，读好实践这本无字“天书”，时刻准备着。

临时的访前准备主要包括以下四个方面：

——确定报道目的，明确报道思想；

——设计报道方案，包括选择采访对象、确定采访方式、方法，拟定向采访对象提出的问题等等；一般来讲，选择采访对象时，应该遵循这样几个原则：一是选择权威最熟悉情况的人，当事人或现场目击者；二是选择多层次多方面的人物；三是不同观点的采访对象中要选择意见相左的人；四是对同一类型的采访对象要选择最典型、最具代表性的人。

——熟悉一下所要采访的内容及相关的背景资料和最新进展。把能够搜集到的相关资料尽可能都过目一遍，对于采访者来说，准备过头胜于准备不足。

——做好特定报道对象的知识准备和一些必要的技术性准备工作。

总之，必要的案头功课是不可省略的。仓促上阵，容易导致采访失败，至少会直接影响采访的效果。

新闻记者所要面对的采访对象，一般都很忙碌，每天都会有大量自己的事情要做，如果因为记者准备仓促，莽撞行事，与受访者沟通不畅，既浪费了时间，也更容易招致采访对象的反感。如果记者能够花费一些精力用在访前准备上，诸如受访者的经历、特长、年龄、家庭状况等问题，都可以在此之前通过背景材料的查阅得到较为详尽而准确的了解，这样就不仅可以把采访的时间主要用来挖掘更有价值的写作素材，而且对建立和谐的采访氛围也有好处。

一般来讲，胸有成竹的记者更容易被采访对象所认可，更易于同受访者建立起融洽的谈话关系和轻松的采访氛围。他们提出的问题有的放矢，简明扼要，角度新颖，主题明确，受访者在这种和谐的采访氛围中也乐于敞开胸怀，畅所欲言。所以说，在双方交流畅通的情况下，不仅有利于采访工作的深入，而且更利于提高采访的效率与质量。

通常，每采访一分钟，就得花上十分钟的时间去准备。采访需要的时间越长，需要准备的时间就越长。对于揭露性报道或调查性报道，访前调研尤显重要。只有广泛阅读，多花时间准备，才能在后来的采访中游刃有余，展开多维度采访。美国《财富》杂志有一名女记者名叫卡洛尔·罗米丝（Carol Loomis），她曾经为采写一篇有关伯利恒钢铁方面的稿件把这家公司过去50年的年报看了一遍。

如果是采访商界领袖人物，记者还要跟踪当天的时事，直到采访开始之前的那一刻。因为领袖人物在与媒体见面的时候总是喜欢跟记者讨论最新的时事，这似乎成了一条铁律。

哪怕约定的采访时间只有几分钟，都要做尽可能充分的准备。美联社有位名叫尤金·莱昂斯的记者，曾获准采访斯大林，但原先约好只有两分钟。其实，记者采访政治领袖，见面本身就能构成一条新闻，尤其是一个美联社记者采访当时的苏共领导人。但是，当他们见面时，两分钟很快过去，斯大林并不着急结束采访，缺乏准备的莱昂斯后来在斯大林办公室呆了快两个小时，却没有提出任何有实际意义的问题。莱昂斯后来谈起此事时总是追悔莫及。

二、对象评估

只有充分了解采访对象的个性、经历，才能根据采访对象的具体情况，提出针对性强的有效问题，避免漫无目的纯靠碰运气的情况出现。熟识采访对象的情况，在采访中往往能博得采访对象的好感，从而拉近彼此距离，提高采访的成功率。因此，积极充分的做好采访前的资料收集与其他采访准备工作，是一次成功采访的必不可少的过程，也是重要的采访技巧之一。

在进行采访准备的同时，我们作为记者还要根据收集的采访对象的资料，对采访对象进行“模拟画像”。所谓的“模拟画像”，原来是刑侦学上的一个术语，指的是，画像师或专业刑侦人员根据目击者对犯罪嫌疑人或案件有关人员的相貌描述通过手工绘画或电脑画像，将目击者大脑中的记忆形象变为直观的视觉形象。这里我是想借用来说明，记者在做案头准备时，可以根据掌握的资料中采访对象的身份、知识水平、生活背景等，白描出采访对象的人物轮廓，使自己在心理和感知上提前接触采访对象，便于采访时选用恰当的采访方式，确保采访获得成功。

花点时间，了解一下采访对象的相关情况，是非常有益的。需要了解的相关情况主要包括：采访对象的简况，如性别、年龄、学历、职业、职务、家庭情况、主要社会关系、基本的政治态度等等；采访对象的专长、主要贡献或专著曾产生过的影响，在同行中的地位，别人有过什么评价或传说等等；采访对象的特点，包括采访对象的生活方式、衣食住行、性格、爱好、目前的心理状态、是否健谈、对接受采访是否习惯、有何忌讳等等。

此外，还要分析采访对象与所采访的问题有何利害关系，是否愿意回答问题，会不会隐瞒事实真相等。

采访前尽力熟悉采访对象，是取得采访成功的一项必不可少的准备工作。但是，这并不是说任何一次采访都要做这么多的准备工作，还是要坚持从实际出发的原则，既要考虑不同采访对象的实际情况，又要考虑采访本身的实际需要，还要考虑做这项准备工作的客观可能性。

比如说，我们的采访目的仅仅是为了弄清某个人在某个问题上的观点和看法，那么我们只需要着重围绕与这个问题密切相关的方面做点准备就可以了。如果我们的采访是为了弄清某个人的全貌，自然就应尽可能搜集和研究这个人的各方面的材料。

被访者的履历、兴趣、爱好、专长、工作作风，甚至言谈举止，只要能够了解到的，就尽量了解，尤其被访者的相关主张、立场和观点等等。根据自己掌握的材料，试图评估一下采访对象，以便确定相应的采访策略。

始终要明确的是，我们强调访前调研，做案头功课，目的决不是在采访对象面前炫耀我们对他是多么了解，而是为了更好地同采访对象一起讨论各种可能涉及到的问题，更不能拿这些资料来简单地代替采访的内容。

我们知道，专家或权威人士，很难得有机会直接与社会公众交流，记者或媒体是专家和权威人士通向社会公众的桥梁，专家和权威人士当然都更喜欢与见多识广、消息灵通的记者打交道。

三、问题清单

到底要问些什么？从哪里开始提问？有的采访对象喜欢让记者事先提供一份问题清单以便为采访的顺利进行做好充分的准备，也有的不需要，但无论对方要不要，记者本人都最好在事先准备时给自己开出一个问题清单。

这个问题清单可长可短，因人、因事、因时而定。清单中，最直接、最简单、最重要的问题优先列在前面，但不一定第一个提问，只是作为提醒。

准备问题清单，主要目的是防止冷场和重大问题的遗漏，因此，也没必要面面俱到、过分繁杂。其实，也不一定都要按照清单上的问题逐一提问，我们在采访的时候要随机应变，灵活机动，这才是最关键的。

准备问题清单的时候，问题的设计很重要。你的读者会问什么样的问题，就问什么问题。而不是问被采访者愿意回答什么样的问题；要问最新的事实、最重要的事实、公众最感兴趣的事实，而不仅仅是你所了解的事实。

问题要简短、具体、直截了当。先把问题简化，要敢于下结论，然后，再把信息复杂化。采访时要问的几个关键因素不能缺少，这就是：人、故事、细节、数字和想法；所谓“分析”是最次要的，有时间就问，没时间就忘掉它。那么，怎么问呢？聊天呀，把你的问题和你问这个问题的理由聊出来，就成。

问话方式不要让采访对象产生紧张或局促不安的感觉，慢慢地让对方打开话匣子，让对方觉得跟你聊天很放得开，没有什么顾忌的；提的问题要让被采访者感到你是公正的，要让被采访者感到，他不回答你的问题，有损于他的公众形象；要让被采访者感到你在伸张正义；要让被采访者感觉到他的意见对公众很重要；

虽然有了问题清单，记者还是要善于在采访中发现新的问题：发现更新的、更重要的或有争议的问题；发现错误或者被采访者试图掩藏的问题。

记者要有充分的准备，只有好的提问，才会引来惊人的信息。被采访者不愿意同不熟悉情况的或愚笨的人讨论深奥的问题，或讲出可用作直接引语的连珠妙语来。

有些问题的答案是显而易见的。有人曾告诫年轻记者：“对采访对象的答话，要做到其中六成的内容心里有数，否则根本就别去采访任何人。”

准备清单时，还应该考虑到下列一些提示：

提问的“四问四不问”

——要问相关问题，问有针对性的、有意义的问题；问读者、公众关心的问题；不要问毫不相干、没有意义的问题；

——要问小的、具体的问题，不要提太大太抽象的问题；问题太大太模糊、太抽象、太概念化，不仅常常令采访对象不知如何回答，而且答案也往往不会有实质性内容。问题越具体、越能获得具体的数字、事实。

——要问聪明的问题，不要提过多的外行问题，多数被采访者愿意跟一个聪明的和了解情况的记者交谈，没有人愿意跟一个自作聪明的人或傻瓜交谈，更没人喜欢跟愚笨的人或外行人讨论深奥的问题。

——要提激励性问题，不要提暗示性的问题；提的问题要设法触发被采访者的荣誉感和自豪感，要让他感到自己是这方面的专家，有社会影响和威望，感到他是作为专家有责任为社会公众事业服务；暗示性问题多少带有诱导的程度，有违职业道德。

——不要提过于轻率的问题。

——不要提太“硬”的问题，这种问题容易令被采访者难堪。

——不要提审问式的问题，这种问题总是带有成见或偏见。

——不要提大家都知道答案的问题，这样的问题无异于浪费时间。

四、答案预测

你可以试图对你的清单上的问题做出回答，然后，设想对方是否会跟你的说法一致，如果是一致，为什么？会不会有不同的回答，如果是，会是怎样的回答？为什么会有这样的回答，这样的回答会导致出什么样的结果，等等。

经常设身处地到站在被访者的立场和角度，来考虑这些问题的答案是十分有益的。这样做了后，见面时无论对方的答案会出现什么样的内容，你都会从容面对、应付自如的。

第五节　愚钝：战胜怯场的利器

一、愚钝，是永远的财富

记者采访的目的是为了弄清事实，传播新闻的。换言之，记者的任务，是报道事实，把判断是非的权力留给读者。请看下面这段简短的对话：

——你是这个项目的负责人吗？

——是。

——这是你的签字吗？

——是。

——你去过现场吗？

——没有。

——你没有去过现场怎么能在这上面签字呢？

——……（沉默）

与其说这是一段记者与被采访者的对话，而莫如说是警察或法官对疑犯的审讯。但它的确是一个采访的片段。它是2003年4月1日晚某电视台一个著名栏目里的一段记者与被采访者的对话。

应该说，这种采访的方式，本身不是一个有效的双方交流，而更像是一个警察对小偷的审讯！

一个成功的采访应该是在和谐气氛中进行的，至少是在平等的状况下进行的。这一点很重要，哪怕我们面对的采访对象真的是一个罪犯。其实仔细想想，记者的问题也很有意思：生活中，没有去过现场就签字的情况还少吗？

一个成功的采访还会产生其中任何一方都难以自行达到的思想和信息

的交换或交流的水平，这样的采访，对记者提出了一个更高的要求。

作为新手，年轻记者在采访中只要顺利迈过以下四道障碍，其采访技巧就会变得日益炉火纯青了。

——缺乏自信，思维堵塞。平时说话聊天口若悬河，头头是道，一道正式采访，往往失语。原因何在？就是因为太正式。这种正式，让人紧张、让人不自然，让人信心全无。

于是：大凡采访皆必须正式吗？或者就是特别的不随便吗？

尤其在采访大人物或名人时，我们毫无必要仰视他们，虽然我们必须尊重他们，但这种尊重是相互的，大家在人格上是平等的。

生活中，有些人见到大官、见到权威、见到自己崇拜或敬仰的人，容易激动也就因此容易紧张，两只大腿直打转儿，特别是第一次见面的时候，这种情况是可以理解的，也是不用担心的，因为等你见多了，习以为常了，也就不会再有这种情况了。

记得我第一次采访一位共和国部长的时候，心里都发颤，嘴里不停地说着，但脑子里却是一片空白，手中的笔在笔记本上不由自主地飞快地记着，那是一次及其糟糕的采访。好在我后来的采访生涯中，从来没有再现过这种悲壮的场景。无论是中央领导人，还是外国总统，在他们面前，我从来就没有怯场过。

我的经验是，告诫自己：再大的官，都是人。所有的人，不论职位高低，财富多寡、名声大小、造诣深浅，大家在人格上都是平等的。更何况，咱不也是王嘛！——无冕之王。

紧张的一个直接结果，就是造成自己的思维堵塞、思路不畅。采访对象的回答，明明听得清清楚楚，但就是不知道如何适时提出下一个问题。更不用说应对采访对象那些出乎意料的回答了。

——目的不清、重点不明。经常听到有记者抱怨说，采访时，双方谈得热火朝天，而且颇觉投缘，采访简直就完美得像一个超级采访，但为什么一坐到电脑前，不仅笔记本上留下的是空白，就连脑子里往往也都是一片空白呢？

造成这种情形的原因大致有二。一是采访功课不足，目的性不是非常明确，因此，采访中，失去主动，只能被采访对象牵着鼻子走。我认为，每一次采访前，都应该把已掌握的相关资料仔细研读一遍，并且认真、反复、严肃地搞清楚自己真正要得到的信息是什么，而且是什么问题可以引出这些信息来。二是由于目的不清导致出来的重点捕捉不到，做起记录来才不知从何记起。

采访的另一个令人困惑的情况则是你问的问题都很好，很精彩，但得到的回答却极其简短甚至是根本没有内容。此时，对方的回答是否会跟提问者的态度有关呢？同样让人头疼的是，采访中，经常碰到这样的采访对象：总是答非所问的人。与前面的被访者相反，有的被访者话语特别多，一个问题就能不停地说个半天，但总是跑题。有些人可能是天生健谈，习惯使然；也有一些人则可能是故意为之，目的在于回避问题。

在西方国家，有一种“如何面对媒体、如何接受采访”的培训，专门为政府官员和企业领导提供有偿培训，他们传授的其中一个技巧叫做“移花接木”，就是告诉一个被访者，如何在遇到敏感问题时不声不响地巧妙改变话题。

——害怕愚钝，掩盖无知。一些人喜欢在采访对象面前炫耀自己，摆出一副伶牙俐齿、学贯中西的样子；相反，也有些人羞于提问，因为担心怕因为问题简单可笑而暴露自己的无知。这两种做法都是不可取的。

喜欢卖弄的人本来是想赢得采访对象的好感的，结果适得其反；害怕暴露自己无知的人，应该懂得一个道理：这个世界上没有无所不知的天才。有句话叫做：没有愚蠢的问题，只有愚蠢的答案。古人尚有“不耻下问”之训，我辈不可忘记。更有人说过：愚钝是记者最大的财富。知之为知之，不知为不知，是为知。企图掩盖无知、貌似无所不知的人，是可悲的，也是真正的愚蠢。因为，那样的话，该问的问题不问，带着满脑袋的问号回到编辑部，可以想象，那将会是什么样的一番情景。

采访中，当一当“傻子”也并不是件坏事情，不要害怕说“我不懂”这三个字。有时候，就这三个字，能为你打开成功之门。当遇到一个谈话杂乱无章或含糊其辞的采访对象时，我们没有理由去责怪对方，但我们完全可以用自责的口吻告诉采访对象“对不起，我还是没听懂”，或者“不好意思，我糊涂了，能请你更具体些或者给我举个例子好吗？”

——缺乏激情，没有好奇心。人是一种非常敏感的动物，记者的问题一出口，被访者很快就能揣摩到记者的动机和对采访话题感兴趣的程度。如果被访者认为采访人本身对话题缺少兴趣，被访者自然便会失去谈话的兴致，就会说得越来越少，因为他们觉得跟一个对话题缺乏兴趣和没有一点好奇感的人，说得越多，浪费越多。

你没有兴趣，你就不会全神贯注地去听，反之亦然。一个缺乏激情、没有好奇心的人，对周围总是有点心不在焉，心猿意马，甚至漠不关心。有人说过，记者应该就是“万金油”，对什么问题都要感兴趣，对所有遇到的采访对象，都应该始终保持着“好奇心”。不仅要会用耳朵听，而且还要会用眼睛看。像过分埋头做笔记、缺少目光交流、自己话语过多、坐姿懒散、心不在焉、心猿意马、环顾左右、东张西望等等，所有这些都是对话题没有兴趣、精力不集中的具体表现，都是采访过程中必须避免的情形。

说到底，好奇心不是装出来的，要培养和保持，努力使之成为一种习惯。

第六节　记录：延长采访的灵丹

使用录音机或录音笔是确保引语准确无误的办法之一。但是，众所周知，电子设备也会出故障，因此，每一个记者必须是一个笔记好手，这一点很重要。

写下事实、细节、思绪、想法，并清楚地将它们分门别类，注明出处。

画房间、场景以及物体相互位置的示意图。

一定要写下人名的正确拼法、头衔以及联络信息。问出生年月，确保年龄无误。

在笔记本上写出此次采访的基本规则。不要记得密密麻麻，留下补记的空间。空出笔记本的内页，在这里记以后要问的问题。尽快对笔记进行补充注释。

为了提高笔记速度，许多记者用速记法来写一些普通的字词，然后注释笔记，把缩写还原完整，避免日后混淆迷惑。

此外，他们做记号，标出所知最重要的资讯、新闻稿可能会用的合适引语、需要追踪或核实的情况以及有待回答的问题等。

显而易见，记者在出发采访新闻之前一定要把工具齐备：笔记本、笔、录音录影带、数码录机，新电池等。最尴尬的情况是，到了地点才发现，摄像机里面没有胶卷或录影带，或者口袋里唯一一支笔没有墨水。今天的记者常常要带更多的工具：移动电话和手提电脑。再多带几样简单的东西也将很有帮助：

把一张小小的书签放在笔记的空白页处，可以让你快捷地翻到这一页；一个塑胶袋可以在雨天保护你的笔记本，保持纸页干燥，不至于渗墨；

一个小望远镜可以帮助你在不能靠近的情况下仍能看到事情发生的情况。一个计算器可以帮助你换算数字，例如把飞机的载油吨数换算成公众比较熟悉的计算单位等。

现场观察是作好新闻报道的基础之一。只要有可能，记者要亲自目击现场情况，从而能够作出准确的描述。有经验的记者在现场调动所有感官。他们眼看、耳听、鼻嗅、口尝、触觉，因而他们的报道能使受众犹如身临其境。为做好这一点，记者需要准确记录他们的观察。印刷媒体的记者可用笔记本和笔来做这项工作，但许多记者带着答录机和照相机，也可以录音和照相。

采访记录和普通会议记录不同。普通会议记录比较简单，除了会议时间、地点、出席人和议题外，所有发言者说了什么，把重点记录下来就可以了。而新闻采访记录从形式到内容都要复杂多了。通常我们做采访记录有如下四种形式：心记，笔记、音记和画记，可谓心手耳目齐上阵。

1、心记

记者在现场采访时，将所见所闻所感的真人真事的材料强记心中。记者采访时，时常有不允许带任何采访工具进入现场的特殊情形，这时只能用这种方式做记录。如：采访普通群众，即闲聊；遇到的事实稍纵即逝，只有时间观察，没有时间笔记；受客观条件限制，不便用笔和纸作记录、也不准录音或录像的场合；采访对象不愿接受采访或不允许做文字笔录的时候。

心记的好处很多，主要在于：首先不容易影响采访对象的情绪、也不会分散被采访者的精力；其次便于记者集中注意力观察和思考；最后，心记最大的好处就是它不受任何场合的约束，同时便于自由交谈。

当然，心记毕竟是心记，它有其自身的缺陷：容易忘记，不易掌握。

2、笔记

记者采访时，将所见所闻所感的真人真事的材料，通过手中的笔，记录在采访本的记录方式。

记笔记是大家最为熟悉的一种记录形式，它有简记、详记和速记三种形式：简记，指有针对性的在采访本上记一些重点的、有意义的、主要的事实和内容或一些易忘的材料，如数字、人名、地名、物名、精彩的语言等； 详记，则指“有闻必录”，即有什么记录什么；而速记却是指使用一些自己创造的简便的符号代替繁杂的词句。如社会主义——社义；市场经济即可用市经代替等。

3、音记

音记就是用录音机或者录音笔作采访记录。除可以是将记者与被采访者的对话一并录入外，还可以将记者的现场所见、所感口述出来录入录音器材。一些重要事件和人物，特别是人物专访常用录音记录。

好处：记录真实、准确，而且可以作为资料和证据；也便于记者腾出时间来倾听、观察和思考，也方便用于隐性采访。

缺陷：采访对象不一定适应；后期整理比较费时；录音效果不一定好；设备本身需要准备充分。

4、画记

它包括新闻照片、新闻录像以及现场作的图画。通常是指画图。

好处是：一快、二准、三形象。尤其是在紧急情况下，这种方法当然好。好比绘画中的速写，用粗线条画下一件事物的大致轮廓，即可。画图对丰富新闻报道形式有显著作用。

尽管我们对记录有诸多形式，但最根本的形式还是笔记和心记。在心记和笔记的选择中，可以根据记者个人的习惯和采访的实际来取舍、并有所侧重，相互补充。音记和画记是记录的重要形式和有益补充。录音记录一般情况下能少用则少用。

采访记录的内容主要有三大项：所见、所闻、所感。

第一，所见：即记录采访时眼睛所看见的有特色的事物。

人：外貌特征、衣着服饰、神情举止

物：形状、颜色、特点

景： 采访现场的环境、布置、陈设的特点

天：气候特点对新闻事物的影响

地：现场的地理、环境、条件对新闻事件的影响

第二，所闻：即记录采访时被采访人陈述的语言。

记要点：即事件发展过程中的重要点、关键点以及连接点，把重要数

字、事实、情节和密切相关的背景材料如实地记录下来。

记难点：通常包括时间、地点、人名、数字、有特点的人及人物语言及各类业务专用术语等。

记疑点：把采访对象讲得不清楚、或与记者已掌握材料有矛盾的情况、事实和说法记录下来，供重点提问或进一步核实之用。

记亮点：把采访对象对所提供的事实和情况的认识、见解记录下来，供分析采访材料时参考之用；记有价值的原话，采访对象在回答问题时，要是说出了一些能反映个性特征、或能揭示事件本质的精炼语言，记者要注意把它准确地照原话记录下来，以供将来写作时作为引语之用。

第三，所感。

在采访过程中，记者对被采访者所提供的材料会有某种分析和判断，比如某个材料典型，能说明什么，可供什么用等等，把其中经典的部分记录在有关材料的旁边，以便于材料整理和写作。采访本切忌都记得满满当当，一定要预留适当的空间以补记一些材料，以及方便采访过程中记录记者本人的思考、疑问、备注。

信誉是记者最重要的资本，而准确性则是保护这一资本的最重要手段。为确保准确，记者必须对收集的所有资讯进行核实、再核实。记者会犯错误，但错误应该少之又少。

导致这些错误的原因主要有以下三点：依赖记忆、自以为是和用第二手消息来源；

但是，记者是新闻机构避免犯错的第一道防线。那些善作笔记、勤查笔记、并尽一切可能寻找第一手来源的记者。美国报业巨匠普利策曾经提出的新闻三原则：“准确性、准确性、准确性”。

采访中，你必须挑出重点并把他们记录下来，这在正式采访中是不容易的事情，因为被访者滔滔不绝；你还要把那些能说明问题的和富有支撑作用的材料记录下来。问题是你要把记笔记融到谈话中去，使它成为整个谈话的一部分。如果出现跟不上的情况，我们完全可以告诉被访者：对不起，您刚才说得非常好，但我没有完全记下来，您能等我把它全部记下来以后再继续吗？

第七节　寒暄：营造氛围的法宝

英国小说家和诗人罗伯特·路易斯·史蒂文森说过：你提出一个问题，就像投出一块石子。你静静地坐在山头；石子滚远了，再接着投下去。

营造认同效应，创设和谐气氛，要使采访对象乐于提供信息，从而获取有价值的新闻，这就必须在采访一开始就尽快缩小彼此的心理距离，让对方把记者视为自己人，产生“认同效应”。

通常一次采访，采访者与受访者的心理距离有一个微妙的变化过程：主要表现为接近、融洽、沟通、激发四个阶段。在这样一个心理相互影响的交往过程中，记者应该努力使自己成为相互影响的主导方，不仅要对受访者的心理活动做出及时正确的判断，并随之做出相应的心理应变，还要善于让对方的心理状态随着记者心态变化的节奏或方向而发生响应的变化，这就是人们所说的记者对采访对象的“心理控制”。

但这种“心理控制”，并不是说记者可以把自己的意志强加于对方，而是为了更好地把控采访节奏，尽快使采访进入最佳状态。

而要做到这一点，记者必须记住的是，欲速则不达，因此，只能循序渐进。另外，记者本身必须一开始就能够通过自身的服饰打扮、仪态表情、行为举止等方面和采访中恰当的问题选择，语气语态向对方传达友好亲切的第一印象。因为，“先入为主”的第一印象，对采访氛围的营造是十分重要的。

比如，同贫困地区的农民接触，如果记者高高在上，说话居高临下，拿腔拿调，对方必然毫无好感。如果记者正常大方，对待农民亲切热情，对方自然愿意回答提问；同开放地区的上层人物接触，如果记者衣冠不整，举止粗俗，也难免被人小看。如果记者举止优雅，问题妥当且有内涵，对方积极响应便也在情理之中了。同时，采访时的气氛是否和谐合作，也同样对营造“认同效应”关系极大。

1、见面寒暄

采访中容易怯场，对于一个新手来说可以说是家常便饭。采访对象也有可能刚见面时，显得不太自然或心存戒心。只要我们记住：与人初次见面时，一定要礼貌地寒暄一番，以给对方留下良好的第一印象。也就是说，我们第一次与采访对象见面时，其实每一次都应该而且一定要表现出谦恭有礼的态度：“您好，很高兴认识您！”或者适时招呼：“早安”、“午安”和“晚安”等，并且总是让自己见面时面带微笑，不要急于言归正传，不妨花几分钟时间闲聊，聊聊可能跟采访毫无关系的小的琐碎话题。

小话题有时能搞定大问题。一般情况下，人与人刚一见面的交流都是从小话题开始的，互信也正是从这里开始建立的。使用小话题能够使谈话一开始就定位在两个人之间的交流，而不是那种机械的一问一答式的对话。这在两个人首次见面时尤其重要，尽管有些采访对象可能更情愿直奔主题，而不愿把时间浪费在这些无聊的话题上面，但小话题还是有助于营造一个好的采访氛围。

比如，可以只聊一些令人愉快、不会引起分歧或争执的内容。一般不要主动对宗教、信仰或政治多加评论，以免引起争论。可以谈一些相对安全的话题，比如天气、道路交通、当天商务领域的一些重大新闻等话题。

不要只顾着谈论自己。有些人为了让采访对象了解自己，一见面就会主动向他人讲述一些关于自己的过去，尤其是自己引以为豪的成功采访，这当然也有助于拉近与被采访者的距离，但是必须记住的是，闲聊是一种两个人间的自由自在的“漫谈”，而不是自己一个人的独白。

一个无伤大雅的段子或笑话也很奏效，幽默可能会成为谈话气氛的一种润滑剂。但一定要把握好度：段子不能太荤太俗。如果太俗了，或者让对方不舒服，那就麻烦了。因此，这时不仅要看采访对象对玩笑的理解和接受程度，还要根据自己开玩笑的能力和技巧而设置，虽然说笑话是采访气氛的润滑剂，但不可弄巧成拙哟。

千万要记住的是，闲聊时间不宜过长，否则越扯越远，就很难再回到自己的轨道上来了。只要彼此都感到自然了、气氛也开始融洽了，闲聊便可以立即结束：把话题自然转入更有实质性内容的谈话上来。

2、适时发问

当彼此不再生疏、气氛开始放松时，记者可以适时把话题引到采访正题上来。但这种引导也不能太生硬，太突然。如何过渡呢？通常，一个比较安全的做法是：重新解释一下此番造访的目的和希望了解的问题。一些老练的采访对象肯定记住了你采访的目的，甚至还就回答问题进行了彩排。但是，也肯定有些人可能因为多种原因已经忘记了你采访的主题。不过，没关系，不管怎样，你都可以重复你在预约采访时说过的采访目的。

许多记者并没有把第一个问题看得很重，只不过是一个言归正传后的打开话匣子的问题，就是说是一个使采访转入正题的问题而已。

如果我们的采访对象是一名商界领袖或企业精英，翻一翻当天出版的一些财经类报纸或《国际商报》，看一看有没有一些相关的适合的话题；抑或从当时社会上大家都在关心的热点问题入手。

不管从什么问题入手，但前面几个问题必须是简单明了，易于回答的，而且你确信对方肯定是要回答的；必须尊重采访对象的自尊，把可能令人不快或尴尬的问题留在后面；必须向采访对象表明我们自己是有备而来的；然后接下来的采访，并会在正确的轨道上向前稳步推进，逐步深入。记者应该随着采访的进展，进一步跟进采访对象的回答，并及时做出互动反应，始终使采访在正确道路上与和谐的氛围中继续前行。

新闻报道的深度往往取决于采访，而采访的水平往往取决于“提问”。一个好记者的高明之处不在于自己讲得如何，而在于如何让别人“说”出实情来。因此“提问”便是采访最先决、最重要的前提。要想让别人“说”出你想听到的，记者首先就得“问”得有水平。

约翰·布雷迪在《采访技巧》一书中说过：“采访是生气勃勃富有思想的谈话。你提问越是活力充沛，越是思想丰富，对方的回答就越详尽。”提问是记者运用最频繁的一种采访方式，提问得当会使采访事半功倍。虽然提问的方法有婉转迂回法、激将法、设问法等多种不同的方法，但因为是采访开始后的第一个问题，又是关于工作的方面的提问，最好采取开门见山、直截了当的正问的方法，简洁、具体、抓住要害。

有人说，成功的采访提问，就像剥竹笋，层层剥皮，直至核心。记者的提问，不仅代表自己，还代表身后的编辑部，代表着编辑部背后的广大读者。因此，采访的过程不仅有问，还要有“思考”，要分析判断，概括归纳。更重要的是，还要“说”，把自己的理解，用自己的语言表述出来。这样可以进行验校，为后面的报道奠定基础。如果我们的理解与被访者想要表达的真实意思存在偏差或误会，采访对象会在当场进行纠正和补充的。

3、营造气氛

有些记者可以带着雪片般的精彩引语结束采访回到自己的办公室，而另外一些人采访结束后要么两手空空回到办公室，要么只能勉强成篇。何以如此？一切取决于记者在采访时与采访对象的氛围是否和谐融洽。

每个人都有这样的谈话经历，气氛越好，谈兴越浓。彼此在无拘无束中交谈，谈话者就不会再有任何戒心。

建立和谐关系的本身，不是目的，只是手段。记者通过与被访者建立起和谐的访谈氛围，全部目的不是让记者行骗，而是让被访者轻松自如，进而忘掉自己是在接受采访或回答问题，而是在真正说话，像是同事间的聊天或朋友间交流。

可见，记者采访时，必须尽力营造出一种和谐互信、相互尊重的谈话氛围，一种有利于鼓励被访者说出自己所知道的一切。否则，交流就会有中断的危险，至少是尽管你提出了许多美丽的问题，但得不到任何漂亮的回答，因为，访问对象难以信任你。

4、扔出“炸弹”

所谓扔出“炸弹”，并不是说要以“炸弹”来控制或破坏采访的进程，而是指在适当的时候提出最敏感的、最有爆炸性的问题。有些敏感问题，不仅让采访对象难以回答，而且令记者都觉得难以启齿和发问。因此，如何巧妙转入敏感话题就成了一个记者必须掌握的一种技术，尽管它可能同时也是一个“从和谐到残酷的手法。”

在采访前的案头工作中，很多记者都会准备一两个最具爆炸性的问题，准备在采访进行到合适的时候，抛出这颗“炸弹”。当然，“炸弹”并不总是能够派上用场，或者即使派上了用场，也未必总是能够生效，因为有些采访对象可能不吃这一套，但无论如何，采取了这种强硬态度，意味着你永远不会为没捞着新闻而遗憾。但是，强硬态度的重要性也不可过分夸大。绝大多数采访，是交谈，而不是审判，很少需要过于刁钻尖刻的问题，即使记者必须在采取强硬态度的时候，他也不必非要表现得如此冷酷无情。

怎么办？布雷迪在《采访的技巧》一书中给出了6个答案：

——诿过于人。说明某一可能使人不悦、尤其可能令受访者不快的意见，是他人持有的，之所以要问，是想给受访者一个提供说明真相的机会哟。

——寓庄于谐。“不好意思，本来我不想再提这个问题了，可是我想了再三，还是想问一下……”，用这种不带有任何明显倾向性的话开头，导出敏感的话题，常常奏效。

——欲擒故纵。这个方法也很有效。你先否认传言的真实性，然后让他谈谈自己的真实想法。这样往往也能收到意想不到的效果。

——化整为零。把比较敏感的问题，分解成不太敏感的几个小问题一个一个地问。

——婉转含蓄。想一想问题的措词，用比较婉转的语气和含蓄的方式，提出比较尖锐的问题，受访者能够接受的程度就会大大提高。

——实话实说。不管问题多么敏感，只管实话实说。有时候，一些受访者更喜欢那些直截了当、实话实说的人。

5、缓和关系

有人说，和谐的采访氛围一旦建立，不会轻易因为一两个敏感问题而受到影响，这是不无道理的；相反，如果气氛本来就不是怎么和谐，或者说根本没有达到融洽和谐的程度，那也就无所谓影响不影响了。是的，但是，无论如何，在敏感问题过后，适当缓和一下气氛、修补一下关系，不仅必要，而且有益。

通常，在记者放出重磅炸弹后，原先和谐的氛围很快就会或多或少地被紧张的空气笼罩起来。当然需要驱散紧张的空气，使氛围回归从前，别无选择，主要只能是缓和关系，为了采访能够继续进行，也是为了下次再见。至于如何缓和这样的气氛，大家一定比我清楚：推一推、拉一拉的事！

6、学会赞扬

其实，不管什么样的人，无论官位高低，权位轻重，学问深浅，其内心都渴望别人的赞赏，因此，不要吝惜赞美采访对象。采访时要时不时地给采访对象一些溢美之词，赞扬他的观点和见解，而不是直接指出对方的矛盾和漏洞，更不能威胁采访对象。试图威胁采访对象的做法，不仅无效，而且暴露出自己的无礼和鲁莽。这样做的后果可能是直接导致采访的终止和不欢而散。

善于赞扬别人其实也是一种美德。赞美对方的行为，往往会收到意想不到的效果。一个优秀的孩子肯定是在赞扬声中长大的，这是赞扬的力量。尤其把赞扬运用在采访过程中，赞扬还是一种有效的激励方法，它不仅能使采访对象获得某种快感、愿意尽力回答你的问题，而且会让记者感觉游刃有余、随心所欲。

即使采访对象的回答有前后矛盾或其它疏忽、漏洞之处，也可以用赞扬的口吻鼓励被访者给出进一步的解释。这里不存在虚情假意，只是一种态度、一种方法，最好把它变成一种习惯。

第八节　提问：把控节奏的技巧

当确定了采访时间并对采访对象以及话题做了调研以后，还需做进一步的准备工作。大多数记者会列出问题或话题清单并带在身边，但不会照本宣科。他们仅在采访结束前核对一下清单，确保没有遗漏比较重要的问题。

此外，这个清单还列出希望从采访对象那里获得的其他信息、档案、资料照片等，所提问题是采访的大纲。它们犹如船舵，保证采访之船始终行驶在正确的方向上。好的问题可能带来意外的、很有新闻价值的回答。不好的问题会使你质疑自己为什么要费这番力气与此人谈话。问题如果提得太具体，会将采访引入歧途。

采访开始的第一个问题很重要，它会给随后的谈话定音。许多记者喜欢以一个“打破拘谨”的问题开始提问，使被采访人放松。这个问题往往是能让采访对象感到舒服的、愿意回答的问题。事实上，它可能与你采访的初衷并不相干， 但它通常能帮助你获得对方的好感，形成一种相互信任与开诚布公的气氛。

最好的问题往往是能让被访人自由回答的问题，而不是那种能简单地以“是”或“不是”作答案的问题。好问题不带色彩，即不表露记者的观点。例如，下面两个说法就有所不同，一个是：“你怎么看这件事？”，另一个是：“你怎么会有那种想法？”。然而，除了提问题得当以外，保持沉默也同样重要，要让被采访人自己说话。好记者一定是一个好的聆听者，最重要的信息常常会从记者的沉默中得到。你听到的东西可以让你提出事先没有想到的问题。

在记者的所有形式的采访活动中，提问是一项最基本、最常见、最为频繁的采访形式，也是最能反映记者功力的一种采访形式，我们在日常采访中应该善于总结摸索，不断提高。

说采访的艺术是聊天的艺术，主要意义就体现于此。因为提问得当不仅会使采访活动事半功倍，而且可以融洽与对方的感情，创造一种良好的采访气氛。相反，如果记者没有做好足够的准备或者本来就是不了解情况，东拉西扯，不着边际，势必给采访带来阻力，甚至使受访者产生厌烦情绪，缄口不语。

提问的角度归纳起来无外乎四种。

——正面问：即正面提出问题，开门见山，干净利落，一般适用于记者熟悉的人、文化层次高或社会经验丰富的官员、学者。

——侧面问：也叫迂回法。记者提问从侧面入手，经过迂回，绕绕圈子，旁敲侧击，然后才回到正题。比较适合于不善于谈话的采访对象。比如先从天气、共同兴趣等谈起。

——反面问：又称激将法。采访对象由于某方面的原因，不愿意回答，记者则从相反的方面提出问题，促使对方思考，不回答不行。这种形式常见于那些确实由于谦虚而不想谈、因为顾虑而不敢谈或自恃位高而不屑谈的采访对象 。

——追问：记者循着对方谈话的线索，紧紧追问下去，问个“水落石出”，要一种“打破沙锅问到底”。这种方法比较适合那些欲言又止、欲说还休的情形。

要使采访能取得最佳效果，关键不在于采取哪种方法，而在于要因人、因时、因地而宜。根据采访对象的不同特点、不同的环境，在采访的特定阶段、用适当的方式提出，记者必须循序渐进。采访前记者要对采访工作做好安排、谋划等一系列准备工作；然后再去会见采访对象，进行访谈、观察及现场分析，相机行事，关键是要把控好采访的节奏，同时一定要牢牢掌握主动权。无论在多么困难、复杂的情况下，都要挖掘出你所需要的材料。

有人把记者的提问形式与对话技巧，归结为以下四种类型：

1、答问型。这是能积极主动配合记者采访的类型。记者通过巧妙的问话，从采访对象处获取有价值的新闻素材。这是最常见、最简捷、最速效的一种对话方式。

2、交谈型。这是采访对象对记者抱有戒备心理，不积极配合记者采访的类型。他们怕说多了对自己不利，或冷淡或躲避使采访陷入僵局。遇此情况，记者就要以坦诚的态度，运用交谈型对话的种种技巧，打破僵局，与对方建立融洽的朋友式关系，以倾心交流促成和谐气氛，为进入正式采访做好铺垫。在这个过程中，记者要有通过察言观色及时调整谈话策略和内容的观察力。

3、说服型。有的采访对象往往对记者抱有厌恶的心理，常用沉默、不愿多语等形式表示自己的心情。对这类人要想进行一场无拘无束的交谈是困难的，唯一办法是用理智和才智去战胜相互排斥的局面，讲清是非，摆明利弊，帮助采访对象一起分析情况、明辨对错、权衡得失，动之以情，晓之以理，使对方不知不觉中化解心头的厌恶，从而产生配合采访的行为。

4、论辩型。面对抱有对记者挑剔态度的采访对象，特别是面对那些自以为是的人物时，最有效的对话方法就是不要有惧怕心理，在气势上压倒对方，至少不逊于对方，但要注意的是，必须拿捏好度，既要让对方诚服，又不能吓跑或者气跑对方，关键是要让对方不得不重视你，至少要平视你，甚至敬佩你，从而同意与你合作。

不管从哪个角度或用什么样的形式提问，以下几条要求都是值得我们在提问时给以充分关注并认真把握的：

1、简单明了

英国18世纪著名作家塞缪尔·约翰逊说过：精力充沛的人的一个显著特征是好奇心。提问从本实质上就是满足自己的好奇心、满足读者的好奇心。

言归正传后，记者的提问也就正式开始了。

问题要简短、客观，不能带任何偏见，明确而直截了当。如果必须在提问前交代必要的背景，也应该努力做到简明扼要，然后再提出简短的问题。

一次只提一个问题。这是所有记者必须牢记的。提问时，要一个一个问题的提出，不要把两个或两个以上的问题放在一起提。

有人做过统计，一般来说，采访过程中，越简短的问题，答案越长；相反，越繁杂的提问，答案越短。

关键问题的措辞最好在访前就准备好，因为在紧张的采访现场，敏感的问题临时措辞可能让你词不达意，这样就会影响采访的进程。

2、开闭并用

提问的问题总体上有两大类：一类是开放型问题，一类是闭合型问题。

开放型问题是指提出比较概括、广泛、范围较大的问题，对回答的内容限制不严格，给对方以充分自由发挥的余地，其答案是开放的，采访对象回答的内容可多可少，说此曰彼不受拘泥，可以泛泛而谈，也可以深入探讨，即没有固定的、标准的答案，无论怎么回答，只要合理就是对的；只要是和提问有关的情况、印象、看法、意见、建议等，都可以谈出来。它适合于那些文化理论水平较高和社会阅历较为丰富的人，如领导、专家、知识分子等。这样的提问比较宽松，不唐突，也常得体。特点：常用于访谈的开头，可缩短双方心理和感情的距离，但由于松散和自由，难以深挖。

闭合型问题则是指比较具体、明确、范围较窄的问题，要求对方回答只能限于提问的具体内容。特点：闭合式提问易突破，常用于深入追问或查证、核实，以及转换话题，也往往比较敏感，要注意提问的角度和口气。

闭合型问题，即定向式提问或限定式提问。记者的提问比较具体、单一，一针见血。被采访者的回答只能是记者提问所限定的内容，往往形成一问一答的形式。

例如：

——能谈谈您自己的情况吗？

——请问总理先生：在全球金融危机的冲击下，我们应该如何才能既控制通货膨胀，又有效提高就业率呢？

上述这两个问题就是典型的开放型问题。对方所回答的内容可多可少，范围比较广泛，回答记者可以无拘无束，脱口而出，这样可以使采访的气氛活跃、协调，既可说此，又可曰彼。这种采访形式的不足之处是，记者要获得实质性的内容难度较大，采访所花费的时间也比较长。而下面两个问题则是典型的闭合型问题：

——请问，代表团到达时间是今天下午三点吗？

——董事长先生：请问您的公司与某公司的合作协议是如何规定双方在新公司的持股比例的呢？

上述两个问题则属闭合型问题。这种方式提出的问题一般比较尖锐，但通常被访者都能回答出你所需要得到的实质性内容。这种提问形式往往会使采访取得突破性进展，或对所掌握的事实得到进一步核实验证。

一般来说，上述这两种提问形式都是综合运用、相辅相成的。前者多用于缓和气氛，融洽感情，启发对方。后者则更多地适合于采访中突破问题，追溯情节和验证事实。通常多数人的采访都是从开放型问题开始，因为这样的问题易于被受访者接受，可以沟通感情，尽快形成一种相互融洽的和谐氛围，然后再寻机切入正题，提出闭合型问题，这样做可以提高采访的速度和效率，迅速了解和掌握全面的新闻素材，既能及时地抓住事物的表征，又可准确地把握事物的本质。用这样的素材写出的新闻才会准确、生动，鲜活，有个性、有深度，甚至可以成为社会影响较大的新闻精品。

一般来讲，应该多用一些闭合型问题，因为，新闻的要求是越具体越好，但有些时候，开放型问题的效果可能会更好，因为这类问题听上去容易回答，更容易让采访对象接受，也给采访对象留下了巨大的发挥空间。一些年轻记者不懂得这些，采访时，急于使用闭合型问题，效果往往适得其反。

应该说明的是，这两类问题在采访中都有很大的作用，记者使用它们的几率基本相同，或者说相差无几。

其实，有些问题你很难简单地把它划为哪一类问题，它既是开放型问题，又是封闭型问题。

3、打破沉默

采访开始后的最初几个提问应该遵循四项原则：

——简明易懂：最初的几个问题一定要简单明了，易于回答。因为，不管采访对象是谁，这种做法对初次见面的采访双方尤显重要。由浅入深，追问问题，然后发掘未知的细节，这是一个不错的方法。提问免不了有许多尖锐的问题，有时难免让记者碰壁，这就要求记者具备追问的毅力和技巧。可以先用一些宽泛的话题缓解气氛，逐渐引入正题；或旁敲侧击，追本溯源，引出未知的细节。

——给足面子：采访开始时可以适时、含蓄地称赞一下受访者的回答，以激活采访对象的思维，维护采访对象的自尊和面子，鼓励采访对象放开思路回答提问；正如我在前一讲里讲过，赞扬的力量不可小视。

——显示内行：问题要有水平，不能简单的“请问你最近感觉如何呀？”这类愚蠢的问题；一般来说，一个受访者是不喜欢跟自己没有共同语言的记者多费口舌的。所以多提一些采访对象熟悉的那些内行的问题，更加容易被认可。

——体现主题。所问内容，始终应该跟采访话题有关。但是，任何事情都不是绝对的，也有人主张一开始就应该提出最要紧的问题。抓住核心问题，开门见山，切中要害。这种方法便是一开始就提出硬性的、紧扣主题的问题，然后扩展为比较笼统的问题。它适用于采访那些善于言辞、敏于思考、感觉自信的对象。开门见山会让对方觉得你坦率有效率，切中要害可以使对方觉得你懂行，值得交谈，话匣子更容易打开。

4、后续发问

所谓后续发问，又称追问，即在采访过程中，边听边问，在答案中发现问题、提出问题。后续发问是新闻采访的核心所在，它鼓励采访对象对所说的情况加以说明、矫正、补充和细化。采访者只需沉默或者重复采访对象说的话，就可以令采访对象继续接着刚刚说过的内容，再说下去。

梅茨勒在其《创新型采访》一书中，列出了8种典型的追问方法：

——被动追问。“嗯……是这样……”。如果采访对象在回答你的问题时，你不时地做出这样的表示，说话者一定认为，记者已经做好了继续听下去的准备。所以，说话者会继续他的话题。

——回应追问。“是吗?……确实有意思……”。这样的反应方式常常还会伴有点头、微笑、对视等丰富的面部表情，显然，说话者从这些言行中得到了激励，谈兴自然更浓。

——比对追问。比对追问是用采访对象的原话重复相关的例子，然后静候采访对象的解释和说明可能遗漏的部分。

——沉默追问。以沉默作为反应看上去似乎是一点反应都没有，因此有人说这是个无效的追问。经验却告诉我们相反：一种期待式的沉默，加之一个非语言的动作，分明可以明白无误地告诉采访对象：继续！通常，沉默就是默许，它默许说话者稍作停顿、整理思绪后继续说明和补充。

——激发追问。这种追问方式是一种最常见的追问方式，也是最直接、最有效的一种。“你能多谈一点这方面的情况吗？” “为什么会有这么多人被牵涉进来呢？” “给我讲一讲他们最好的地方和最糟糕的地方，好吗？”

——澄清追问。请求采访对象澄清某方面的情况。即把已有的报道或传言需要澄清的部分详细告诉采访对象，请他发表看法。

——迂回追问。用岔开的话题以旁敲侧击的方式进行追问，这种方法多少有点儿“声东击西”的味道。

——改变话题。用直接转移话题的方式来发问。“如果你不介意，咱们现在就换一个话题好吗？你对眼下的中国流行音乐有兴趣吗？”这种追问方式的运用，是建立在假设采访对象对下一个话题不感兴趣的基础上的，此时，采访对象通常总是会直接告诉你等他把在目前这个话题上要说的话说完。

5、弄清事实

搞清楚何时、何地、何人、何事，何故，何如， 就弄清了基本事实。中文中这6个“何”字是跟英文中5个W1个H（When，Where，Who，What，Why， How）相对应的。这也就是人们常说的新闻六要素。

在事件性新闻的采访中，把握住6个“何”字，就把握住了一切。

6、核实数字

新闻离不开数字，商务新闻尤其离不开数字。然而在新闻采访中，数字是一个美丽的陷阱。数字能够体现细节、真实，它有一种令人信服的力量，有时一个数字就能说明问题，但稿件中充斥过多的数字，处理不好，就会使稿件读起来十分枯燥无味，让读者大倒胃口。不过，在采访中，还是能把数字收集的越多越好，以被写稿之需，但一定要准确。不管什么样的采访，只要遇到数字，就必须在采访结束前重新核实一遍。

7、积极回应

所谓积极回应，其实不是对问题的回应，而是指记者与采访对象的意见交流。在采访过程中，记者可以对采访对象所说的情况加以评论或发表自己的观点或看法，然后与采访对象一起相互切磋，这实质上是一个交流看法的互动过程。

当被访者说得很好时，要不断通过赞同的语言或表情、肢体动作鼓励被访者继续往下谈，甚至可以适时抖出预先准备好的事例等素材来支持被访者的观点，从而充分调动被访者的情绪和谈话的兴致。

但当被访者口若悬河却越来越离题万里的时候，一定要有勇气及时打断对方，通过新的提问或与被访者的互动将其拉回来，不要因为对方是名人、领导或说得特投入而不好意思、不敢去打断。因为采访的主动权、控制权必须掌握在采访者而非被访者手中。当然，这种打断需要讲究一些技巧为好。

8、设法创新

设法提出一些带有创意的创新问题。这类问题的核心所在，就是根据那种微不足道的细节提出更多的更加细微和富有前瞻性的问题，其作用是把人从一个已知世界带入一个全然未知的世界。

要保证能提出创新问题，记者就必须根据自己采访获得的素材、结合访前案头调查所得的材料，加上自己的观察和思考，整合分析，综合抽象，发现新线索，新问题。

第九节　倾听：妙用第三只耳朵

日常工作中，经常出现这样的情形：相同的采访，收获却不同，一些人比另一些人收获更大。为什么？另一些人靠的不是提出了聪明巧妙的问题，相反，他们靠的是一双灵敏的耳朵：善于倾听。

倾听，也是记者采访中常用的方法之一。善于倾听不仅是建立良好人际关系的一种手段，更是索取更多谈话内容的一种方式，是集中智慧的一条途径。唯善于倾听的人，才能捕捉住对方谈话的真实意图和目的，而不致产生“各取所需” 的错误做法。这一点，对采访者来说尤为重要

采访过程中要学会倾听。倾听是对说话人的一种尊重。有人说，尊重人的最好方式就是让人说话，而要想让人说话，一个最便捷的方法就是学会“倾听”。可见，善于“倾听”，是获取新闻素材的有效途径。从采访对象讲述的内容中可以找出感人的故事和细节，找出可以继续交流的、读者关注的话题，没有倾听是不可能做到的。

此外，由于倾听不是居高临下的、不是带有任何功利的，而要付出耐心、付出真心，付出诚心，是一种平等的交流，它会让采访对象说出他最想说的话，同时也就让他感受到了你的“平等”与“真诚”，只有在他看到了你是在认真倾听的时候，他才愿意向你敞开心扉，才会“不设防”地同你交流，才会慢慢地将心里话和盘向你托出。

在采访过程中，如果主要是靠一些肢体语言和小动作，与受访者相互交流，容易让人感到你没有认真听讲。所以，必须及时地用一些语言跟受访者产生互动，鼓励对方继续讲下去。

倾听的方式有两种：第一种是记者有目的、有选择地倾听。这时，记

者清楚地明白要在从采访中得到什么样的细节，比如你需要可以引用的引语、趣闻轶事，一旦可以引用的引语或趣闻轶事出现，你就会立即注意到它们。

第二种倾听，是记者调动所有器官去倾听，即所谓全神贯注，不仅用耳朵去听，而且用眼睛和整个身心去听。我们不仅要听到说了什么，我们还要善于听出什么没有说，就是说我们还必须准确无误地听出说话者的弦外之音。

观察，就是记者“用眼睛采访”，是记者采访中最常用的方法。观察技巧的掌握，要求记者观察时要有明确的目的，事先要心中有数，要选择好时空，确定好观察的角度，学会用扫描的方法获取细节，抓住富有特征的事物，以达到认识、反映事物的目的。

尤其我们的采访对象是一个深藏不露或面无表情的人的时候，我们更要善于观察。我们经常会遇到那些深藏不露或面无表情的采访对象，他们不肯轻易地让人了解他们的心思和真正想法，或者回答问题时不着边际，一旦涉及正题就跑题，王顾左右而言他；或者不管你问什么，他都面无表情地敷衍了事，这些人，若非深沉，就是呆板。

对待这类采访对象，我们更要想方设法、挖空心思去走进他们的心灵深处。怎样才能走进他们的心灵深处呢？都说眼睛是心灵的窗户，那么最好的办法就是特别注意他们的眼睛，“观其眸子”，我们自然会知道对方的心思。

瑞克(Theodor Reik)在其1952年出版的一本名著《用第三只耳朵去听》中说，人们交流不仅仅靠语言，而且经常靠非语言交流。你问一位女士她的前途如何，她笑而不答。如果你不追问一句：“我问你这个问题时你笑什么呀？”，她那一笑便没有了任何的意义。

同样，人们的措词常常也是有内在涵义的线索。一个对文字敏感的记者，可以而且能够从字里行间读出采访对象的真实意图；一个善于倾听的记者，则能够从话里话外听出采访对象的真实意思。

倾听不仅不是被动的，而且是主动的。一个优秀的主动倾听者，他的思维总是跑在说话者的前面。优秀的倾听者总是用额外的意识去思考刚才说话的人说了什么，相反，拙劣的听众却总是在试图囫囵吞枣地记住被访者说了的事实。

人们常说，一名记者，特别是一名老练的记者，应该是最善于倾听的人。而那些喋喋不休的记者一定是一些不谙采访真谛的人。的确，善于倾听的记者往往更容易有丰厚的收获，也更容易与采访对象沟通。稍纵即逝的新闻线索，谈话对象的弦外之音，都会因为你的有心倾听而被发掘，对新闻事实的领悟或许就会更接近其本来面目，而那些喋喋不休、夸夸其谈者，不仅遮住了我们发现新闻事实的目光，而且会使我们离开新闻真相越来越远。

一名优秀的倾听者，一定是一名善解人意的人。当采访对象发觉你对他的谈话不太感兴趣，显出犹豫、为难的神情时，你应该立即对自己的一时心不在焉表示歉意并在解释之后，说上几句赞扬和鼓励的话；当采访对象由于烦躁不安、或心存恼火而不能把控制自己时，你应该说上一两句掏心窝子的话来温暖对方受伤的心；当采访对象吞吞吐吐、词不达意而又渴望你的理解时，你可说上几句提示性的话语帮助他重复一下所说内容，重新整理思路，使其谈话继续顺畅起来。

那么究竟如何做一个优秀的倾听者呢？

1、准备充分

首先心里要清楚到底想要听听什么。我们在做访前准备的时候已经做好了充分的准备，我们知道我们想从这次采访中得到些什么。

但是，有时候我们的倾听能力由于受到各种原因的影响会有所下降。健康状态、身体不适、饮酒过量及前一天休息太晚等都会妨碍倾听，当然还有一些诸如家庭、父母、单位等这类带有强烈个人感情色彩的问题，也在某种程度或多或少、不知不觉地影响着我们的注意力的集中，影响着我们的倾听能力，从而影响着我们的判断力。

2、摒弃好恶

不管采访什么人，对采访对象最起码的一点尊重应该是必须做到的；而在你的问题提出后又得到了一个完美的回答，赞赏和感谢怎么说也是应该的吧。这些都是人之常情，你不必非得喜欢你正在采访的人，但是我们必须想办法继续我们的采访，直到最终达到目的为止。因此，我们决不能因为自己的好恶而影响对采访对象的倾听。

也许不少记者都喜欢重复那些老掉牙的问题，但一个善于倾听和思考的记者是不会这样的，即便我们要遇到的是采访过多次的老伙伴。我们无法改变采访对象，但我们可以改变的是自己：我们可以改变自己的采访目的、采访时间（采访对象容易兴奋的时刻）、采访地点（去咖啡厅）、采访方式、采访内容或者说采访的角度，尤其是改进和提高我们自己的倾听能力和观察敏锐度。

采访中，难免要遇到一些显得枯燥乏味的采访对象，这些人可能是不善于表达，或者说起话来没有抑扬顿挫，单调乏味，很似催眠曲，也可能是因为他们有一些表面特征让人不爱听他们的：或许长得丑陋，天生害羞，或者口吃。但一个职业记者应该知道如何不受这些外表因素的影响而坚持去“寻听”自己需要的答案。

3、倾听重点

倾听谈话跟聆听报告不同，报告有一二三四、子丑寅卯；有理论有案例，有些还有趣闻轶事，总是有章可循。谈话则不同，可以上下五千年，纵横八万里，海阔天空，记者必须从中找到出重点。怎么找？不要说：“对不起，这一点你好像还没有说清楚”，即使确实发现谈话者某一问题没有说清楚，也不能这么说，而应该说“我的理解是这样，对吗？”或者“对不起，我没有听清楚你刚才说的话，能请您重复一下吗？”记者听来的材料，可能鱼龙混杂，肯定不会全部有用，记者需要迅速进行筛选，把自己认为是重点的内容记下，把那些毫无意义的东西彻底从大脑中删除，以便给有用的信息留下存储的空间。

认真倾听并不等于不提问题。注意倾听但绝不能完全陷入被访者的思路和情绪之中，失去自我而随受访者的思绪左右是万万要不得的，采访时一定要在注意倾听的同时始终保持自己思路的清晰和思维的敏锐，随时在采访对象的谈话中发现亮点、兴奋点和闪光点。但是也有些受访者的思路极为活跃、情绪很强势极富感染力，如果采访者的过于陶醉或沉浸在这种感染之中，完全跟着跑了，那么就相当于放弃了采访的主控权，所以切忌陷入过深。在被感染被打动或被对方牵着思路狂奔时，不要忘记你本来的采访目的，也不要忘记事前所做功课中预设和准备的内容。

一旦我们找到了受访者所回答内容的中心意思和重点，我们便可以去寻找更多可以支撑这些重点的论据和事实依据。这些论点和事实依据往往会被受访者当作无关紧要的细节给忽略了，千万不要放过追问细节的任何机会。这些细节对于以后的写作很可能是至关重要的。

一个懂得倾听的人一定知道着装对谈话者谈兴的影响。有谁愿意面对一个形象邋遢的人侃侃而谈呢？所以记者采访时有必要适当注意一下自己的着装。因为留给采访对象的第一印象，往往可能就是记者的外表：衣着和随身物品。如果记者是女性，还要注意必要的打扮。这一点不能小视。一个让人看上去很愉悦的外表，本身就能够激发受访者的谈兴。记者的外表应该是尽量的朴素、整洁、普通。

第十节　沉默：走出窘境的方舟

沉默是金。对于记者采访而言，此话同样适用。沉默也是采访提问中的一个重要技巧，在深度报道的采访中，尤其如此。因为深度报道的提问多是综合性、针对性、独家性和挑战性的提问，需要给采访对象留出思考和阐述问题的时间。聪明的记者一般不会打断采访对象的话，只要他没有偏离话题太远，这样可能会得到直接询问得不到的情况。故意不露声色，有时同样有效。

约翰·布雷迪在其《采访的技巧》一书中，援引了美国著名的电视节目主持人迈克·华莱士的一段话说："我发现，在电视采访中，最有趣的做法：就是提一个巧妙的问题，等对方回答完毕，你再沉默三、四秒钟，仿佛你在期待着他更多的回答。你说怪不怪？对方会感到有点窘迫，于是他向你谈出更多的东西。"

1、面对敌意

多数受访者能够与前来采访的记者很好合作，因为这种采访是对双方都是有利的。采访不仅能给记者带来他所需要的稿件素材，也能使被访者心想事成，至少他们对自己的名字出现在报端或有机会向公众讲出自己的故事不会反感。

但是，也有些采访对象不愿跟记者聊天。他们或许不相信所来的记者抑或认为题目过于宏大非记者或编辑所能驾驭！一旦这种情况出现，先不要着急，要能默默忍受，越能忍受，收获越大。

总有一些人在一定时候需要发泄一下消极情绪。这个时候聪明的记者就会保持沉默。因为，每个人都会有自己的立场和苦衷，有些采访对象，可能自觉“怀才不遇”，或因为时乖运蹇，所以我们大可不必理会他们的发泄。相反，如果我们能适时表示对他们的同情和理解，发过脾气后，他们就常常为自己的行为感到懊恼和后悔，甚至会一反其敌对态度，变得开明和热心、也许还会对你怀有某种内疚的心理。此时，如果你仍然有什么怀疑的话，你不妨把它说出来：“我觉得我是否说错了什么，让您不快或者做了点什么让您不高兴了，对吧？您介意我们谈一谈吗？”

2、故意逃避

有些人在接受记者采访时，由于各种原因对一些问题不愿回答、不想谈。这种“不愿谈”是新闻采访工作中几乎每个记者都会碰到的一只“拦路虎”。

于是，受访者就试图逃避。逃避有很多形式，比如说话拘谨不安、王顾左右、咬文嚼字、慢条斯理、云里雾里、避重就轻、避实就虚、闪烁其辞、等等，总之一句话：躲避问题。这难免有时让记者碰壁，支支吾吾，谈不到要害，要么有心拒绝，加以敷衍。这就要求记者具备追问的毅力和技巧。可以先用一些宽泛的话题缓解气氛，逐渐引入正题；或旁敲侧击，追本溯源，引出未知的细节。

“不愿谈”的现象背后，情况往往是错综复杂的：名人或特殊背景者，有的为避免曝光、有的惧怕出名而不愿谈；普通群众，有的因表达能力差、有的对某些事件有抵触心理而不愿谈……这些不愿谈的现象给我们的采访工作带来了一定的阻力和困难。

因此，记者应善于引导，千方百计打开采访对象的话匣子。比较奏效的方法有：一、通过对采访对象进行恰当的赞许，适当地捧一捧对方，使对方对记者产生好感，改变态度，继而打开话匣子；二、可以通过与采访对象套近乎、聊天，拉近彼此间的距离，再去寻找采访的突破口；三、故意制造错误，引发采访对象开口。

我们要是能够事先想象被采访者的观点，就会对我们处理这种情况大有好处。对于明显的避而不答的做法，至少可以巧妙地应付。比如可以适当用这样的语句：“请问你能否更具体地解释一下刚刚你说到的事件的原因？”一个拐弯抹角的答案，可能是有意的，也可能是一时糊涂的结果。无论如何，如果你马上跟句“请不要躲避问题”，那是肯定不能得到合作的。

3、无可奉告

“无可奉告”之下可能隐藏许多意思。例如，它可能意味着“我很想说点什么，但如果我说了，我就会丢掉工作。”这句话也可能表示“我有很多不能告诉你的理由，但向你解释，还不如说声‘无可奉告’更省事”。你听到的任何一句和“无可奉告”有关的回答，都要探究其潜台词，知道这些潜台词之后你就有劝被采访者接受你采访的机会了。

在采访对象说出“无可奉告”四个字时，要是你也说“别来‘无可奉告’这一套了，你欠公众一个答案”，那么肯定是得不到什么结果的。相反，你可以问：“是不是有命令不准你说？”，或者问“你是不是害怕：假如你的话在报纸上被登出来会有麻烦？”

4、敏感话题

记者有时因为胆怯害羞而不敢问棘手的问题，这时，通常可以采取一些预防措施。首先，问问自己这个问题是不是必须要问，它合乎情理吗？公正吗？如果别人拿这个问题来问你，你会不会拒绝回答？

不要害怕承认自己想要提出的问题的不足。你觉得如果有非问不可的问题，就要敏锐而果断地发问，并尽可能不要伤害别人。你可以用一种就事论事的态度来问那些可能使人尴尬的问题。

在采访活动中，作为记者，重要的是要始终保持自己在采访中的主导地位，使采访活动按照原先预期的方向发展，这才是采访成败的关键。要保持主导地位，至少要做到以下两点：

第一要善于运用语言提问。这对记者选择准备的问题提出了很高的要求，所准备的问题必须前后连贯，富有逻辑，且紧扣主题，意图清晰，有利于挖掘所需的具有新闻价值的素材。

第二是必须善于运用种种非语言的手段。这种方法虽然不如前者那样直截了当，但却有着前者不可比拟的暗示、感染、激励、驱动的作用，它往往会形成一种十分重要的心理能量，在不知不觉间引导采访对象进入记者设定的问答逻辑中，避免采访对象不着边际的胡乱回答。

如果谈话偏离了原先设计的采访意图，记者可以通过自身的非语言符号，譬如淡化专致的神情、移开凝视的目光、换一个坐姿、放下正在记录的笔、起身倒水等等，适当提醒和暗示对方，直到对方有所领会时，再通过语言转移话题，就会显得较为自然，对方在心理上也容易跟上。

在各种暗示都没有被理解的情况下，尽管直接打断，因为时间不允许我们任由采访对象信马由缰得离题太远，而且经过长时间的融洽的交谈，采访对象此时一般都会理解记者的直率，即便采访因此中止，但绝大多数素材你已经弄到手了。

第十一节　话别：寻找最后的亮点

预约时间到了，准时提出结束你的采访是极其明智的，除非被访者谈兴正浓或意犹未尽，表示可以延长采访时间。但这个时候决定权是掌握在你的手里，你成了采访是否终结这次采访的决定者。

此时，你显然有两种选择，一种是立即结束采访，另一种是同意延长。但无论你做出什么样的选择，都要让对方觉得你的选择是正确的。那么，你做出怎样的决定才是正确的呢？当然只有对自己有利、对自己的采访有利的决定才能算得上正确的决定。

首先要看的是你是否已经得到你所想要的所有信息，其次是对方的谈话是否还有新的有价值的值得你继续的内容，如果其中一个答案是肯定的，你就可以同意延长，否则你可以借口已有别的约会礼貌地结束你的采访。但是在结束采访前，你应该完成以下几道程序：

1、核实主要事实

通常情况是，越难赢得的采访，这一点越是重要。因为，一旦告别了，你再想回头仅就一些事实问题做些核实，这既显示你的不老到，不专业，没经验，更为将来再次联系采访留下了障碍。所以，一名有经验的老手是会在结束采访前将所有可能报道的重要事实给重新核实一遍。

2、重复精彩引语

如果你发现你的采访对象的很多谈话，很有趣，或很有分量，或很能说明问题，而你又想把其中一些放在将来稿件中的引号里，那你一定要小心小心再小心，因为，直接引语，必须绝对真实。你不妨在这个时候，再重新确认一下那些你可能要直接引用的话。

3、消除任何疑点

即使你不打算直接引用采访内容，你也不能轻易放过那些你没有完全听清楚或没搞明白的内容，任何有疑问的地方，都应该在采访结束前弄清楚。待一切弄清楚后，最好还是问一下采访对象是否还有进一步的想法或其他需要补充的。

4、索要书面材料

谈话中涉及的所有书面材料，如果对方能提供，就应该别忘了请对方提供，这一点对你了解和更好理解采访的内容以及组织后面的稿件都是大有裨益的。在20多年的记者生涯中，我每次采访都是这样做的，我发现它会给记者带来极大的乐趣和意想不到的收获。

5、约定联系方式

不管是出于礼貌，还是为未来考虑，在告辞致谢之前，要为以后可能的再次造访铺平道路，让彼此联系的渠道保持畅通，让采访的大门始终为你敞开：告诉他若有问题可能还要打搅、还要给他电话，倘有不便，请他原谅。

6、寻找最后亮点

聪明的记者不会忽视和采访对象在一起时的对方的每一个细节，他那有特点的每一个动作、每一个眼神、甚至每一声叹息，都会被记者记录下来。有些采访对象，在与记者握手告别时，由于放松的缘故或采访成功的喜悦，常常会冒出一句精彩绝伦的惊人之语，或做出一个超乎寻常的惊人之举。

7、明白之后写稿

结束采访后，不要立即动手写稿，不管截稿时间多么紧迫，匆忙下笔总是不太明智的行动。正确的做法是像过电影一样，把采访的情形在眼前过一遍，尤其要把那些你印象最深的画面反复过几遍，这样有利于找出最有力的导语以及构思整个稿件的架构。更重要的是，要弄清楚所有要写的东西，不明白的不清楚的东西，宁可不写。

8、经常保持联系

在稿件成稿后如有拿捏不准的地方，一定要重新核实。此外，可能的情况下，还应该告诉采访对象稿件发表的时间和可能的版位，并在稿件刊出后给采访对象送上几份报纸，哪怕没有引用多少采访对象所谈的内容。

然后，可以在逢年过节或者某个特殊的日子打个电话、发条短信或发个邮件、寄上一张小小的贺卡，以保持和采访对象的联系甚至密切彼此的关系。这看上去确实是一些微不足道的小节，而且反正稿件已经发出，似乎可以说是可有可无的，但如果做到了这一点，它对记者往后的成功也至关重要。

许多采访对象可能一辈子你只需要采访他们这一次，但是保持长久的联系不仅对记者本人、对我们所服务的整个媒体，都有可能是一笔弥足珍贵的财富；退一步讲，我们没有理由不记住那些曾经帮助过我们的人！

第十二节 网络：穿越时空的采访

如前面所讲，就新闻记者的采访行为而言，采访可分为直接采访和间接采访。直接采访是记者深入现场与采访对象面对面的采访，间接采访是记者与采访对象不是直接接触，而是通过某种手段所进行的采访，像电话采访、书面采访、网络采访等等。

电话采访是间接采访最常用的一种采访方式，书面采访次之，而网络采访则算是一种相对比较新颖的采访方式。由于书面采访的技巧容易掌握，这里我就不再谈了，主要谈一谈网络采访和电话采访。

所谓网络采访，主要是指以互联网为媒介，在网络的虚拟环境中，寻找新闻线索、收集采访素材，完成对新闻事件或人物的采访的过程，其实，在此基础上还可以完成新闻稿件的写作、编辑和传输的全部过程。

一、网络采访的优势

目前，新闻记者采访的主要手段仍是面对面的访谈和电话采访，网上采访（如通过电子邮件等）还只是作为辅助手段来使用。有统计表明。在美国报纸记者中，使用频率最高的采访手段是面对面采访，占61%，其次是电话采访22%，电子邮件采访目前名列第三，占3%。但是调查表明，在过去两三年里，将电子邮件作为采访渠道的人数有了急剧的增长。

与面对面访谈、电话采访不同，网络采访借助的是网络技术与网络手段。因此，与传统的采访方式相比，网络采访的最大特点就是采访工具的数字化。

网络采访使用的网络工具主要包括硬件和软件，硬件显然是指电脑和与其相连的其他使网络运行的硬件设施，软件包括文字、图像、音视频、表格的接收和处理软件，电子邮件、BBS、聊天工具以及搜索引擎等等。

与传统采访手段相比，网络采访还具有以下优势：

——方便快捷。因为网络传播缩短了传播过程中信息的发送和接收时间，大大加快了信息的更新速度，所以网络采访的速度比传统的采访方式要快得多。即便是电话采访，还必须在记者和采访对象都方便的情况下才能实现，而网络采访，则未必需要。

网络采访可以突破空间限制，这一特点除了使本来不可能实现的采访成为了可能外，还使采访速度空前提高，使采访更加便捷——利用传统的采访方式可以解决的采访，在网络记者手里可以使采访变得更及时。

网络采访比任何一种传统的采访方式都更为便捷，对于有些不能、不宜于或无法进行现场采访的新闻事件，记者可以运用电子邮件、新闻组等方式进行实时的文字采访，通过语音信箱等方式进行实时的口头采访，还可以进行可视化的面对面采访。

——成本更低。互联网的信息流具有跨地域、低成本的特点。采访中的交通、通讯等费用大幅降低，采访对象的地理距离越远，网络采访的优势就越发明显。

—— 深度更深。通过互联网可以实现资料检索和数据查询的全球共享。检索方便、及时，不受时间、地点和文本的限制，这使记者、编辑能够更及时、更高效、更便捷地搜索并运用采访和写作所需要的新闻背景资料。这对于深度采访和写出深度稿件都是不可或缺的。

——广度更广。网络采访由于不受空间的限制，理论上讲，网络采访可以使采访范围扩大到全球，世界各地的采访对象，如果你感兴趣，都可以在网络上完成采访。事实上，不少媒体也已经开始利用网络采访远在异国他乡发生的新闻事件了。

当然，网络采访的优点还远远不止这些，它还有易于保留采访记录，便于记者整合素材等优点。

二、如何进行网络采访

和传统方式的采访一样，网络采访前，要首先明确报道意图，制定出详尽的采访计划，并着手收集有用的线索和信息。

制定采访计划时，应明确采访的大致步骤、与采访对象的联系方式及可能采用的技术手段，然后再设法通过搜索引擎获取相关背景资料，追踪新闻线索。

如何用好搜索引擎呢？首要的是要了解搜索引擎的收录范围。一般而言，大型网站的搜索引擎均面向全球，中小型网站则一般收录某一区域的信息；从网站类型来看，大多数搜索引擎提供WEB页搜索，但也有一些搜索引擎提供BBS、新闻组甚至图片、MP3等检索内容。

由于网络采访经常采用匿名者提供的线索，其可信度一直受到质疑，但这并不意味着网络采访所得到的信息就比传统采访得到的更不真实，因为，这在技术上并不是毫无办法的，我们可以使用数字身份、数字证件等对网络采访得到的信息，进行仔细的验证。在条件允许的情况下，还可以采用传统采访中的现场观察、电话采访等手段，对已有的新闻素材进行验证。

利用网络进行采访，主要有两种方式：

1、一对一

——MSN适时采访。登录MSN，只要采访对象在线，便可以邀请采访对象接受采访。如果采访对象不在线，也可以发出采访申请，把问题清单先发过去，再约好时间。下次采访对象只要登陆MSN，便可以看到你的采访申请。使用MSN，还可以同时约请好多位采访对象一起，就一个问题同时采访多位采访对象。

——通过电子邮件(E-mail)采访。通过电子邮件，采访者可以联系和采访世界各地的信息源，可以随时接受各地“推”来的新闻。记者通过电子邮件把自己采访的目的、意义、发表时间或媒体以及所提问题发给采访对象，采访对象接到记者的采访申请后，若同意接受采访，即可以根据申请所列问题清单予以回答，回答的内容可以是对问题清单的逐一回答，也可以是部分回答，回答内容还可以包括记者没有提到、而受访者愿意表达关切与采访主题有关的其他内容。

然而，在使用MSN和电子邮件时，有几点应引起采访者的注意：首先，发送采访申请或邀请要有主题明确的标题，标题中少量的解释以及你的名字是使收件人优先处理的线索；同时，采访对象和记者都应熟悉网上常用的缩略语，如IMHO(In my humble opinion)表示“依鄙人拙见”，TTYL(Talk to you later)表示“回头再说”，BTW(by the way)表示“顺便说说”，G2G(got to go)表示“我得走了”，BRB(be right back)表示“马上回来”等等。如果确认一方不懂这些缩略语，最好双方约定都不用。

——网上寻呼。使用网上寻呼机，不仅可以即时交谈，而且还可以即时传递文件。只要记得被采访者的网上寻呼机的号码，上网就可以随时呼叫对方。有的网上寻呼软件还可以与传统的无限寻呼网、手机的短消息系统相联。

其它方式。互联网技术日新月异，能用于网络采访的工具也越来越多。如运用软件我们可以很方便地构建一个语言信箱。而IP电话软件的使用，可以让我们在网上轻松地与地球上任何一个被采访者对话。

2、一对多

——新闻组(Newsgroup)。新闻组是人们获取网络信息和帮助的一种很有效和快捷的手段。它是个人向新闻服务器所投出邮件的集合，有点像日常生活中收发信件的邮局，是大量包含不同内容的邮件的集散地。所不同的是，这些邮件按其主题和内容进行了分组。采访者可以有意地设置相关的议题，得到自己想要的信息。

——聊天室。采访者可以选择不同的采访对象进行不同话题的交流，也可以单独设立聊天室与特定的采访对象进行单独交流。目前，经常运用的是被采访者在特定时间、特定的聊天室接受人们的采访。

——BBS。BBS就是电子公告板。通过它可以交流信件、传输文件、互通信息、查询资料。如果是大型多线的BBS站，采访者可以约请采访对象一起上线，彼此通过线上会议讨论共同关心的话题。

三、网络采访的局限

第一个“瓶颈”是互联网发展与普及的“瓶颈”。在我国现阶段，网络采访还只能运用在一些网民较多的行业和领域里。

第二个“瓶颈”是电脑技术更新造成的“技术瓶颈”。 因为采访工具的高度数字化，电脑软、硬件的升级换代速度起越来越快。要能熟练地进行网络采访，记者除了像传统记者一样要有新闻敏感性和较高的写作能力外，还必须投入更多精力地掌握不断更新的网络技术，熟悉网络环境，从而熟练掌握网络采访所必需的软件的应用。

尽管网络新闻采访有着强大的得天独厚的技术优势，但伴随着网络采访的广泛应用，也出现了一些新的问题。因为网络新闻是依托网络而直接进行的，当记者在室内联网的电脑前与采访对象进行通信或交谈时，就会失去耳闻目睹新闻现场的机会，就会影响新闻事实的准确性和生动性，而所做的报道也缺乏现场感。因此，对事件性的报道就一般不宜在网络中直接进行采访。

此外，在下载某类信息时，有时会出现失真现象。同时值得一提的是，由于电脑软硬件升级换代的速度越来越快，要能熟练地进行网络采访，记者必须投入更多精力去熟悉电脑，掌握不断更新的网络技术。

以上种种局限，决定了网络采访一段时间内还是不能超越传统采访的，也有需要注意的问题，比如鲜活性问题、知识产权纠纷等，所以，在网络采访中，网络记者也要充分考虑网络采访的短处，并尽量和传统采访结合起来，做到“取长补短”，“扬长避短”，这样，网络采访才可以发挥更大的作用。

因此，可以预见，随着网络的进一步发展和网络新闻资源的进一步丰富，网络采访将会在全世界的新闻界逐步盛行开来，而且，随着网络采访的盛行，让新闻记者与世界的距离不断缩小，记者采访将因此插上一双搏击长空的翅膀。

四、电话采访：技巧与提示

在成本、速度上，有时仅次于网络的采访方式的是电话采访，电话采访仍旧是记者最常用的采访方式之一，它比面对面采访还是要方便和及时得多，也能节约采访成本。

有些限制记者进入的场合，电话采访更显其优势。1995年新年伊始，中美间长达18个月的知识产权之争，到了白热化阶段，一场可怕的太平洋贸易大战一触即发。为了避免这场后果不堪设想的贸易战，中美两国的经贸官员在接下来的两个月里，进行了两轮紧锣密鼓、不分昼夜的密集谈判。

这两轮谈判都是在北京举行的，除谈判达成协议草签换函的一场活动邀请了记者采访以外，其他活动均不允记者参加。那些日子，位于东长安街2号的外经贸部大门口热闹极了，每天都有很多国内外记者聚集在这里，像守株待兔一样守候着，同行的这种精神实在可嘉，虽然每天都是一无所获，而且两次磋商的20多天里天天如此。

当时，我还在新华社对外部负责采访外经贸新闻。虽然谈判期间，我没有天天到现场，但却坚持了每天发稿，个中就里在于电话。虽然我没有和大家一样出现在外经贸部大门口，但电话一直没断过，与外经贸部办公厅新闻处处于热线状态，有时电话打到谈判室，通过谈判室值班的服务人员随时了解谈判进展，有时打到中方参加谈判的官员那里，甚至还多次直接找到了在一线领衔谈判的中方主帅孙振宇副部长，电话中请他把关稿件的文字表达。这些稿件不仅全部被国内许多媒体采用，而且全部被外电转播。

可见，电话采访有其方便、及时、节约采访成本等优点，已被许多新闻单位和新闻记者所接受。电话采访如果运用得当、讲究技巧，是可以写出信息快、质量高、影响大的稿件的。

通话时有技巧。首先，一些基本的礼貌是要坚持的，同时通话时不要用手指或笔头猛敲听筒。电话采访并不是一件容易的事儿，在采访前准备不周或稍有不慎，就有可能遭到被采访对象的拒绝。特别是和被采访对象不熟甚至根本不认识，遇到这种情况的概率将会非常大。

电话采访有几个问题需要注意：

1、电话采访前要把所有资料都准备好。通话前应在纸上写出采访要点，对提纲上所列采访要点应问完一条就勾掉一条，以避免打电话时分心或者出现遗漏，采访时最好边听边记笔记。

电话采访的另一大好处，就是记者边采访边做记录不会影响采访对象回答问题。平时，经常有这样的情况，本来采访对象说得还很痛快的，记者一拿出笔和笔记本，呈现准备做记录状时，采访对象就立马警觉起来，说话语速变慢了，思路开始收拢，不敢放开谈了，甚至有时还有些犹豫感。而电话采访就大不相同了，对方看不到你在记录，所以他可以自如如初地回答提问。

2、报出记者的姓名和单位名称。为使对方能听清楚，说话节奏应比平时稍慢些，不要让对方在接电话时，还得分神猜想是谁打来的电话。

3、确定对方是否具有合适的通话时间。当记者给被采访人打电话时，他们也许正忙于自己的某一事情。你应当表明自己尊重他们的时间，并允许人家调整时间，在电话中要说明打电话的目的以及需要多长时间。

4、电话采访时，一定要注意说话的语音、语调和语速以及提问的技巧。因为在电话里，采访对象看不见你的姿势、做派或周围的环境，而这些都是在当面采访时可以借来掩饰我们可能出现的思维短路或准备不足等缺陷的。采访对象对我们的唯一印象是从我们的声音和问话中得来的。我们那些平日里训练有素、富有感染力的笑容，迷人的风度和炯炯的眼神统统失去了用武之地。我们可以借助的只有录音机、声音和大脑，所以，我们必须在提问和表达上下工夫，尽量使其简洁易懂。

此外，电话采访中，一定还要注意数字的倾听和核实。

5、适时结束通话。通话时间过长意味着滥用对方的善意和时间。不要以为被采访者爱在电话里夸夸其谈，也许他正不耐烦得恨不得早一点挂下话筒呢。

客观地说，任何事物都是有利就有弊。我们既要看到，正如网络采访一样，电话采访在给新闻采访带来方便、高效、节约等好处的同时，也要看到它的局限性与不足。

作为间接采访的一种常用手段，如果在电话采访时稍有不慎，就会犯下采访不实、道听途说的错误。这是因为新闻记者在进行电话采访时，是运用语音讯号同采访对象进行交流和沟通的，这同记者面对面地向采访对象采访相比，就缺少了对采访对象外表、形象和神态的了解以及对采访对象所处环境的把握，因而有时就难以判断采访对象向记者提供新闻素材的真实程度，可见，电话采访的安全性有时不能保证。

因此，并不是任何新闻事件、新闻人物都适合电话采访的，而要根据采访对象或新闻事件的具体情况，去制定相应的采访计划和确定采访方式，这样才有可能取得采访的成功。

记者采访无论是当面采访，电话采访、电子邮件采访、或通过网上的即时聊天采访，都应该清楚地知道每一种采访方式都有其优势与缺陷。当面采访能让记者对采访对象有一个全面感觉。墙上是什么照片？书桌整洁还是零乱？书架上有些什么书？这些当面采访时一眼可见的环境因素，在间接采访中是无法获取的。

此外，面对面的采访可以让记者从被采访者的外观举止上来判断信息的可信程度。他看上去是紧张还是坦然？是否愿意直视记者的眼睛？电话采访节省时间，有些记者觉得电话采访比较容易作笔记，无须要注意与被访问者保持目光接触。他们甚至可以把笔记输入电脑。

电子邮件采访对采访远距离的人很有帮助，但是记者不能听到对方的讲话声音，也不能“即时”地跟踪提问。互联网的即时通信采访与电话采访相似，但是网上采访都涉及一个问题，这就是：回答问题的人是否是采访对象本人。

由于非常容易在互联网上假造回邮地址或以他人名义登录，我们在引用电子通信信息或素材时，必须确保信息的真实性。互联网的管理不同于通讯社（如新华社、路透社或美联社）；虚假信息可以来自任何地方。

记者在利用电子邮件等网上通信手段时，应遵循与运用其他通信形式相同的专业标准。他们必须明确自己的记者身份，并且告知对方自己所寻求的信息是什么，以及出于什么原因。他们需要运用同样的核实事实技巧和思维，与对待其他形式的信息来源没有什么不同。

无论用什么形式进行采访，记者通常把某些问题留在最后。记者可能先对谈话主要内容做一个重复，以确定他们所听到的话准确无误。然后，他们会问被采访人有没有任何补充。

最后，记者要对采访对象抽出时间接受采访并耐心回答了问题表示感谢。许多记者在每一次采访结束时会提出最后一个问题：“就这个事情我还可以找谁谈？”或者“如果还有问题，怎么和您联系比较方便？”

写作篇：像说话那样写作

◎商务新闻：就在你身边◎经济全球化下的商务新闻◎商务新闻：像说话那样写作◎导语：字越少，效果越好◎消息：文越短，看上去越美◎数字：美丽的陷阱◎引语和背景的运用◎特写：魔鬼在细节◎人物专访：写出真正的人◎演讲报道：怎一个“说”字了得？◎言论：清晰比华丽更重要◎以事实说话，用思想写作：放弃是一种痛

日常工作中，经常听到有人问：怎样才能写出好的新闻稿件？也有人说，新闻写作是一件枯燥无味的事情，商务新闻写作更是如此，怎么写都写不出一枝花来。事实是怎样的呢？

美国《财富》杂志前总编辑里克·凯可兰德曾经说过："最好的稿件作者在商界"。而在中国，商务新闻领域脍炙人口的优秀新闻作品却凤毛麟角。这与中国作为一个正在迅速崛起的商务大国的地位是极不相称的。

在英文里，写稿子叫：writing stories。看来，在西方人眼里，写稿子和讲故事有着某种相通的地方。难怪我们到处可以看见"新闻故事"的说法，也有把"封面新闻"或"封面文章"叫做"封面故事"的。

讲故事，谁不会呀？是的，讲故事容易，但要把故事讲好则很难！同理，写稿子容易，但要把稿子写好也不是一件很容易的事情。

稿件的结构与故事的元素比较

新闻	故事	要求
导语	开头	开门见山
主体	主干	细节刻画
背景	由来	简明扼要
结尾	结局	令人回味

美国《华尔街日报》的头版资深撰稿人威廉·布隆代尔说过，优秀的故事从来都是痛苦的产物。如果你没有受伤，你就没有尽力。不过这种痛苦是有回报的，这种回报就是创作完成之后，一部成功作品所带来的深切的满足感。令人遗憾的是，许多作者体会到了痛苦，却很少得到了这种满足。

我在谈采访时讲过，采访的技巧就是：像聊天那样采访。这里，我想说的是：像说话那样写作。只要会说话，就能写出稿件来，不要说你不懂新闻写作或者你没学过新闻，也许"不懂"正是你拥有的弥足珍贵的财富。

第一节 商务新闻：就在你身边

一、商务新闻的概念

要谈什么是商务新闻，还是先从什么是新闻谈起吧。

于2005年6月出版的《现代汉语词典》（第五版）对“新闻”一词的解释有两个：一是报社、通讯社、广播电台、电视台等报道的消息；二是泛指社会上最近发生的事情。而在国内新闻界，普遍使用的关于新闻的定义是陆定一的一句话：新闻是新近发生的事实的报道。

这个定义同西方词典里给出的解释十分相近。《牛津辞典》关于新闻一词的主要释义也是有两条：一是关于新近发生的事情的新的信息，二是媒体对最近事情的报道。

其实，东西方不仅在关于新闻的定义方面相差无几，就是在理解上也有不少相近之处。如西方有句谚语叫：No news is good news。其字面意思就是：没有消息是好消息。看上去这个翻译多少有些晦涩，但无独有偶，中国也有一句几乎完全相同意思的谚语，这就是：好事不出门，坏事传千里。如果用这句话来翻译西方那句谚语，我认为，是最恰当不过了。

我曾和同事调侃：如果按照鲁迅先生关于“路”的理论，我倒是对“新闻”有一种自己的体会和理解。

鲁迅曾说过：希望是本无所谓有，无所谓无的，这正如地上的路，走的人多了，也便成了路。套用这句话：故事是本无所谓有，无所谓无的，这正如天下的新闻，传的人多了，也便成了新闻。虽是调侃，但有两点是必须明白的。首先，新闻无处不在，关键是有没有人发现它并将它传播出去；其次是新闻必须具有可谈论性。如果一条新闻报道出去，能够成为人们乐于谈论的话题，说明这条新闻是有价值的。反之，则不然。

新闻无处不在。这正是东西方对于新闻的理解另一个相同的地方，这一理解的另一种常见表达就是：新闻就在你身边。

大家都读过《红楼梦》，一定也都会知道那个名叫贾雨村的人，他一开始是靠给报馆写稿子赚稿费营生的，放在今天即使不是记者也算是个通讯员或自由撰稿人什么的。不知道曹雪芹为什么在那个年代就用“假语村”的谐音作为一个“记者”的名字，也许那个时代的记者也有热衷于报道“假新闻”或者与“假语”的了。姑且放下这个不论，就说说曹雪芹的“世事洞明皆学问，人情练达即文章”这句话吧，这句话本来是谈学问、做文章的，堪称经典。我想套用它来表达一种对新闻的理解也应该是最合适不过的了：处处洞明皆新闻，娓娓道来即报章。

这种对新闻无处不在的理解和西方的一个流行说法也是不谋而合的：东南西北即新闻。这种说法从英语中新闻（NEWS）一词的构成中可以找到答案，它是有北、东、西、南四个单词的第一个字母组成的：NEWS=N+E+W+S。

由此观之，新闻就是最近发生的事实的报道，它无处不在、且受人关注、并为人们津津乐道。

我们清楚了什么是新闻，再谈什么是商务新闻就容易多了。

顾名思义，商务新闻就是关于商业活动和事务的新闻，即关于商务领域新近发生的事实的报道。本质上，商务新闻还是新闻，它具备一般新闻的所有特征，在写作的方法和技巧上既有与一般新闻写作要求相一致的地方，也有一些不同于一般新闻写作要求的特别要求，这是由商务新闻的专业性和特殊性决定的。

二、商务新闻的特点

如果说真实是新闻的生命，那么真理就是新闻的灵魂，因为，有些事实看上去很真实，但这种真实未必是事实的全部，所谓实事求是，就是要求寻找各种事实背后的那个“是”。新闻报道就是要坚持实事求是，所以，对于新闻而言，真实很重要，但真理比真实更重要。

商务新闻和新闻一样具有下列特点：

1、客观性

新闻的客观性又称新闻的真实性。新闻是新近发生的事实的报道，所以新闻报道的必须是事实，真实是新闻的生命。坚持事实说话、坚持新闻的真实性，是新闻写作的基本规律和基本原则。新闻客观性的概念出现于大约一个世纪以前，当时大多数报纸报导耸人听闻并带有明显的观点倾向性，针对这一情况，当时的新闻工作者提出要力图使用客观方法来写新闻，不反映个人或公司的立场倾向。客观性这个词最初就是用来描述一种新闻方式的。

所谓客观报道，就是运用客观叙述的方式表达意见的一种新闻写作方法。从新闻的形成过程看，新闻写作的过程必须是一个事实说话的过程。大家都知道中央电视台的“焦点访谈”这个节目，也确实有不少观众喜欢它，老实说，我也曾经喜欢过，尤其是那句口号：用事实说话。

用事实说话。这句话在节目创办初期的背景下确实给中国观众耳目一新的感觉。有人把事实说话分为三类，一是用事实说话，二是让事实说话，三是为事实说话。细细想来，不无道理。因为“用事实说话”，指以宣传为本位的传播理念，把新闻事实当作宣传的手段；“让事实说话”，指以新闻为本位的传播理念，真实、客观地再现事实面貌；而“为事实说话”，则是指以社会正义为本位的传播理念，不仅客观报道新闻事实，并且勇敢揭露社会丑恶、维护公共利益，特别能够为社会弱势群体服务，让新闻成为社会的守望者。

由此观之，“让事实说话”是所有新闻媒体必须承担的天职，“为事实说话”则是每一媒体都应该达到的境界，而“用事实说话”则不过是媒体都具有的传播意图。

顺便说一下，谈新闻的客观性，很多人自然会想到新闻的主观性，认为新闻是主观的产物。他们的理由可以从以下两个方面去理解：

A：新闻是传播者告诉受众的事实，事实时时处处都在发生，而只有那些被媒体或大众发现并传播了的事实才是新闻。而且，媒体在选择报道事实时就有着很强的主观性。

B：有些新闻是主观制造出来的，业内有人称之为策划新闻。香港回归之前的1995年6月26日，美国《财富》周刊发表了一篇题为《香港之死》的文章，预测香港在回归中国后将会变成死港，失去原有的自由港和世界金融中心、世界贸易中心等地位。而在2007年7月 9 日香港回归十周年之际，这家杂志又发表了一篇题为《哇！香港没死》的稿件，香港还是那个香港。这两条新闻就完全是策划出来的，有着明显的主观色彩。

这种观点显然是站不住脚的。首先，新闻的选择带有主观色彩，只能说明主观在新闻形成过程中的作用，但不是决定性作用，同时，策划新闻和我们日常所说的新闻策划是有本质区别的。策划新闻主观性太强，有点“无中生有”的感觉；而新闻策划，则是就某一新闻事件如何分工人力、安排版面、以何种方式或体裁进行报道，实际是一种报道安排。

2、新颖性

新闻姓新，尽管旧闻有时可以成为新闻背景而再现在媒体上，但那只是帮助受众更好地理解新闻的。新闻必须是新的，这已成为不争的事实，但世界各国对“新”的理解却大相径庭，首次发生的事实为新的，一反常态也是新的。19世纪纽约《太阳报》城市版编辑约翰·波尔伽特（John B. Bogart）说过一句名言：狗咬人不是新闻，人咬狗才是新闻。

3、商品性

新闻是商品，是一种特殊的、用来满足人们新闻欲的、可以买卖的商品。这在过去的中国是不被承认的。

4、时效性

时效性至少有两层意思。一是新闻报道要讲时效，通讯社的记者必须第一时间赶到现场采访，并以最快速度完成写作，以争取第一时间发稿，世界上的通讯社不止一家，但赢得用户的那家通常是最早发出稿件的那一家；报社的记者也需要抓紧时间撰稿以赶上当天的截稿时间，当然这要比通讯社的记者从容许多。电台电视台的记者同样面临着时效问题。二是指新闻的寿命短，新闻是易碎品，报纸是一次性产品，没有人爱看昨天的报纸，除非有特别的用意，如查资料或在旅行途中手头没有别的东西可看借以消遣而已。

5、冲突性

所有冲突都容易成为人们关注的焦点，因而成为新闻：战争，国家冲突，地区冲突、种族冲突，思想观念冲突，商务新闻中的贸易冲突如贸易不平衡、倾销与反倾销、补贴与反补贴、各种保障措施和技术壁垒、利益冲突、等等。

6、显要性

新闻不仅喜新厌旧，而且喜欢攀龙附凤。钟爱有权势有地位的显赫人群，因为他们的言行更容易影响到受众的工作和生活。当然，新闻的显要性也含有重要性的意思，新闻的重要性是指新闻本身要有重要意义，如果新闻本身的事情不大但却能反映一个地区乃至一个国家的整体形势，同样是一条颇受关注的新闻。

7、接近性

接近性又称新闻的关联性，是指新闻中的事实同受众的关联和接近程度。这种关联和接近表现在两个方面：在地理上或在心理上的。一方面，大多数读者都有这样的心理：对自己周围或距离比较近的地方发生的新闻更感兴趣；另一方面，人们通常总是更加关心同自己有关的事物，越是同切身利害密切相关的事物越是受到关注。此外，接近性还表现在年龄接近和生理接近的问题。

8、监督性

马克思主义新闻观不仅注重新闻媒体的“喉舌”功能，而且强调新闻媒体的“耳目”功能。舆论监督本来就是新闻媒体的重要职能，新闻媒体有义务担负起“社会守望者”的职责。各种商业腐败、如商业欺诈、商业贿赂和商务领域存在的一些其他不良现象，还有各类企业的经营行为等都需要舆论担负起监督的责任。

9、前瞻性

新闻的前瞻性，是指有些新闻对客观事物自身未来发展趋向的主观分析性报道的特有特征。权威、科学、准确的前瞻性报道对人们认识事物、决定行动方向能够产生有益的帮助。商务新闻工作者应该善于发现重要市场的动向，及时捕捉和把握重要市场的脉搏和可能的发展趋势，及时地采写前瞻性新闻。

采写前瞻性新闻要特别强调讲究权威，读者欢迎那些主要来自权威机构、权威人物且由新闻价值的前瞻性稿件，尤其在信息时代，新闻媒体不仅要给读者提供精彩的故事，更要给读者提供深邃的思想和准确的分析。

我们可以直接采访权威机构、专家学者等社会人士，请他们就某一事件趋势和可能产生的结果进行判断，并注意采集和反映不同的观点和意见，力求做到观点的平衡，然后加以报道，但通常记者和编辑自己不能站出来发表意见。

有关的预测应交代消息来源，并写明数据、实例、引言、迹象等依据；反映某种趋势和动态时，应注意信息来源的代表性，决不允许捕风捉影、道听途说之类不负责任的“前瞻性报道”。

前瞻性新闻的报道组织，必须以事实为基础，符合客观规律，严防主观臆断。

10、娱乐性

要走出“商务新闻就是严肃新闻”的误区。有人认为，商务新闻只要给广大商务工作者提供足够的商务信息和资讯就足够了。事实是，商务工作者和我们每一个普通人一样，都是有血有肉的人，除了商务之外，他们关心的领域很宽，他们不仅需要工作，而且需要生活，需要休闲，需要快乐，需要发泄，也需要释放。因此，把商务新闻的娱乐性做好，做足，也是受众对商务新闻工作者的一个基本要求。

新闻的娱乐性同其趣味性有着密切的关系。普利策曾经要求他的报纸《圣·路易斯邮政电讯报》（St. Louis Post-Dispatch）：“不仅要刊登重要新闻，而且要登当地的、与众不同的、戏剧性的、浪漫的、恐怖的、幽默的、猎奇的和易被人们谈论的新闻”。

商务新闻应该尽可能写得生动有趣些，即便不含有趣的内容，也应该努力把稿件写得生动活泼、引人入胜。

商务新闻的其他特性：

1、信息性

商务新闻对信息性要求比一般新闻更高。信息性也包含着至少两个层面：政策信息和市场信息。我们的媒体是党、政府和人民的喉舌，我们的职责之一就是要把党和国家的各项政策、主张，通过新闻报道的形式，介绍给广大读者；同时还必须保证自己的报道能够符合、不违背党和国家的大政方针和各项政策，这也就是人们通常所说的坚持正确的舆论导向。

当然，商务新闻的信息性自然还包括与市场有关的各种信息，如供需信息、服务信息、商品信息、就业信息，等等。

2、服务性

在信息爆炸的时代，各种信息充斥于网络和媒体，人们的生活和工作节奏都在加快，无暇浏览和接受所有的信息，媒体有责任帮助他们寻找和发现对他们的工作、生活有用的实用信息，并把这些信息迅速传播给读者，为他们的决策提供各种服务。

3、知识性

传播知识是新闻媒体的又一项职责。商务新闻报道的知识性包括两个方面：一是新鲜知识，二是在日常新闻报道中尽可能提供有益的知识。全球化时代，知识更新速度加快，新知识不断涌现，尤其在商务领域更是如此。知识还包括古代文明、名山大川、风土人情、自然资源、典章制度、民族习惯和社会现象等，所有这些知识都对商务活动和商务人员有直接影响，因此商务新闻报道中，只要涉及就应该尽可能地加以传播。

前一节讲过，商务新闻和新闻一样，是媒体关于商务领域新近发生的事实的报道。商务新闻具有新闻的所有特点，只是商务新闻更讲究信息性、服务性和知识性。由于商务涉及到普通百姓生活的方方面面，所以在崇尚“以人为本”的今天，商务新闻应该更加关注民生。

也正是因为这一点，商务新闻拥有更加广泛的读者，商务新闻的前景也就更加广阔。商务新闻和平常意义上的新闻一样，是由人去采访、去写作的，而且是写给人看的，故事的主人公或主题都是和人密切相关的，因此，商务新闻的核心就是一个字：人！离开了人，商务新闻没有任何意义。商务新闻因人而生。

今天的许多新闻工作者都承认，完全的客观性是不可能实现的。因此，早在1996年，美国职业记者协会就从行为操守中删去了“客观性”一词。新闻工作者也是人。他们对自己工作很认真，但他们的确有自己的看法。宣称完全客观意味着他们没有价值观。不过，大多数新闻工作者同意，他们必须对自己的观点有自觉意识，不让它影响工作。新闻工作者不应该使听众从新闻报导中觉察到其个人的观点，并且应该可以通过用客观科学的方法核实资讯而做到这点。换句话说，报道本身应该是持平衡公正的。

当然，新闻的公正性、平衡性等，就不一一列举了，这里让我们看一下华盛顿邮报关于公正性、平衡性的有关规定：

> 公正性：本报采编人员必须奉行公正报道之原则。鉴于有关新闻客观性的争论无休无止，公正性的理念则更容易为记者和编辑所理解和追求。公正性来自一些简便易行的做法：
>
> 忽略了重要的和富有意义的事实的报道，是不公正的，所以，公正性包括完整性；
>
> 牺牲重要事实换取实际无关信息的报道，是不公正的，所以，公正性包括关联性；
>
> 故意误导读者甚至欺骗读者的报道，是不公正的，所以，公正性包括诚实性——对读者说实话；
>
> 使用贬义词掩藏记者偏见和情绪的报道，是不公正的，所以，公正性包括率直性——而非闪烁其词。
>
> 平衡性：新闻的平衡性是重要的，但它未必是指记者要把自己本人放在一个问题的正中央。
>
> 绝对平衡的新闻是不存在的。它不过是一个道德上的承诺而已，既不能以秒表计，又不能用尺子量。
>
> 所有记者和编辑在结束每一篇稿件之前都必须习惯地扪心自问：“我已经尽量公正了吗？”
>
> ——《华盛顿邮报采编手册》

第二节　经济全球化下的商务新闻

因为我们要谈的是经济全球化背景下的商务新闻写作，所以我就想借此机会跟大家一起简单探讨一下经济全球化的几个基本的概念及相关机构的基本情况，以便我们对经济全球化有一个初步的了解。这对我们的做好商务新闻写作不仅是有益的，而且是必须的。

一、全球化及其内涵

1、定义

关于全球化的定义很多，英文叫globalization，通常是指经济全球化。当然，广义上或理论上讲，全球化还应该包括文化全球化、思想全球化甚至政治全球化。我的理解：所谓经济全球化，就是指世界经济的更加整体化而又日益彼此相互依赖的发展趋势和顺应这一趋势不断推进的过程。

人们考察经济主要是通过考察生产与消费、供给与需求、及其相互关系和由此对企业、市场（价格）和生产者、消费者所产生的影响来实现的。其实经济全球化的两个重要组成部分就是生产全球化和市场全球化。

影响世界经济的因素：跨国贸易、投资、地理距离、时差、语言、政府法规、文化及商业体系的差异，以及由于这些差异而形成的壁垒。

由于交通运输和信息技术的发展，物质文化生活在世界范围内逐渐趋同，跨境贸易与投资壁垒逐渐消除、各国经济不断融合，逐渐成为相互依赖到全球经济体系。

所谓生产全球化，指的是企业在全球范围内的不同地方，利用各国在生产要素的质量和劳动力、能源、土地和资本等成本方面的差异，寻求货物或服务源头的一种趋势。

市场全球化，则是指过去十分清晰的、分散的各国市场与巨大的全球市场逐步融合的过程。

贸易壁垒和投资壁垒的降低是全球化的驱动力之一，全球化的另一驱动力是技术变革：通信业、信息业和运输业技术的发展，尤其是网络技术的迅速普及。

全球化改变了一切，它使世界成为平的。但也给人们留下了很多思考和争论：全球化对就业、工资、工作条件、环境保护与国家主权带来了冲击和影响。

2、与经济全球化相关的全球性机构

与经济全球化密切相关的全球性机构很多，主要包括有世界经济三大支柱之称的世界贸易组织、国际货币基金组织和世界银行以及联合国的有关机构。

世界贸易组织（与其前身关贸总协定一样）是世界上唯一处理国与国之间贸易规则的国际组织，其主要职责是监管世界贸易体系，保证各单一国家坚持执行由各成员签署的贸易协定。到2008年7月23日，已有153个国家和地区成为世界贸易组织的成员，几乎包括了所有影响的贸易国家，它还有30个观察员。根据规定，这些观察员中，除梵蒂冈外，其他的自成为观察员起5年内必须启动加入谈判。世界贸易组织无论在范围和还是在声誉上都有很大的影响。世界贸易组织还负责促进其成员间其他的跨国条款的缔结。究其历史以及之前的关贸总协定的历史，世贸组织促进了跨国贸易与投资壁垒的降低。实际上，世贸组织已成了其成员的工具，该组织的成员试图创立一个更加开放的全球商业体系，以不受国家间或地区间的贸易和投资壁垒的束缚。正在进行的多哈回合谈判就是一个明证。在此之前，世贸组织前身关贸总协定，已经领导和主持了8轮全球贸易谈判。因此可以说，如果没有世贸组织这样的机构，全球化的进展不可能有现在这么快。

世界贸易组织结构图

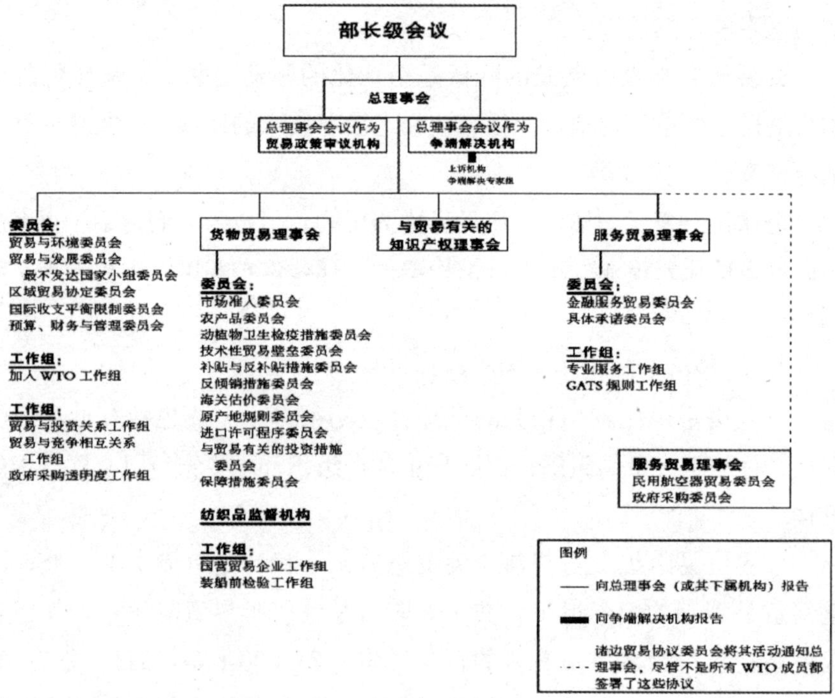

国际货币基金组织和世界银行（国际复兴开发银行）都成立于1944年，当时44个国家首脑在美国新罕布什尔州的布雷顿森林召开会议后成立的。国际货币基金组织的任务是维持国际货币体系的秩序，而世界银行的任务则是促进经济发展。60多年来，两个机构都以全球经济举足轻重的参与者出现。世界银行是两个姊妹机构中争议较少的一个，它主要集中精力向发展中国家和现金拮据的政府发放低息贷款，以满足其希望进行基础设施建设投资的需要。国际货币基金组织则常被认为是那些遇到经济恐慌、货币相对其他国家大幅贬值的国家可以最后求助的东家。

联合国成立于1945年10月4日，起初，有51个国家承诺以国际合作和集体安全的手段保持和平。如今，世界上几乎所有的国家都参与了联合国。联合国的指导思想是消除贫困、提高所有地区人民的生活水平。联合国内同世界贸易相关的10大机构分别是：

——联合国经济及社会理事会(UNECOSOC)

——联合国贸易与发展会议(UNCTAD)

——国际贸易中心(ITC)

——联合国环境规划署(UNEP)

——联合国开发计划署(UNDP)

——联合国工业发展组织(UNIDO)

——世界粮食计划署(WFP)

——国际劳工组织(ILO)

——联合国粮食及农业组织(FAO)

——世界海关组织(WCO)

——世界知识产权组织(WIPO)

二、全球化下的商务新闻

商务新闻比以往任何时候都更加重要，更加吸引读者的眼球，其表现是一方面传统媒体更加重视商务新闻的报道，无论是采编力量的投入，还是版面的篇幅和位置，无不显示出商务新闻稿件广受青睐的程度；另一方面新兴财经媒体披着各种外衣纷纷登场，瓜分商务新闻资源，抢夺商务领域舆论阵地，分享商务系统广告市场的蛋糕。原因：一是在国内，商务工作涉及千家万户，和普通百姓日常生活的方方面面休戚相关。以人为本的理念，使媒体对民生给予了空前的关注和前所未有的热情；二是经济全球化浪潮的迅速推进使得各种商务活动日益受到更为广泛的关注。

商务新闻涉及面很广，可以简单地说，一切都跟商务有关，一切都可以成为商务新闻。大到一国的政治甚至军事，小到老百姓的衣食住行，政治和军事对贸易投资的环境至关重要，百姓的衣食住行跟商务更是密切相关。

就目前的实际情况来看，我们的商务新闻应该主要关注下面内容：

——世界经济形势和国际贸易走势；

——内贸外贸形势；

——利用外资和“走出去”战略

——对外援助；

——多双边经贸合作；

——公平竞争与公平贸易；

——知识产权保护；

——商务企业、商务人士、民生新闻。

随着经济全球化的进一步加深，国与国之间的利益尤其是经济利益更加紧密地联系到了一起，世界经济和国际贸易的总体形势构成了一国商务活动的国际环境。

全球经济的时涨时落，世界贸易的瞬息万变，国际市场的风起云涌，都对中国商务的发展，特别是进出口贸易和利用外资有着直接的影响。世界经济发展不平衡的加剧，全球金融风险的增加，特别是全球金融危机，能源、食品和资源等价格大幅上涨，国际贸易和投资保护主义进一步升温，都使得中国商务乃至整个经济的发展的外部环境明显趋紧。

全球金融危机给中国经济的整体运行带来了巨大的挑战，对中国的商务事业也是一场严峻的考验。在这样的情况下，任何一个国家只要能率先提出改善金融状况的有效措施或率先走出危机，都将构成人们十分关注的热点新闻。中国一直被世界看好，我们应该如何报道中国商务呢？

1、国内贸易与扩大内需。

在国内贸易领域，除要关注发挥市场基础性功能、建设统一开放、竞争有序的大市场、发展现代流通外，要继续跟踪万村千乡、双百工程、东桑西移、社区商业双进工程、食品安全、知识产权等热点问题。

为改善农村消费环境、扩大农村消费，商务部自2005年开始实施“万村千乡市场工程”，支持和鼓励各类流通企业到农村发展现代流通网络，建设改造农家店和配送中心。目前这一工程已在全国累计建成农家店近30万个，分布在全国80%左右的县，扩大农村消费约1000亿元，以城区店为龙头、乡镇店为骨干、村级店为基础的农村消费品连锁经营网络已经初步形成。

为解决农产品卖难的问题，促进农业增效、农民增收、农村发展，同时保障农产品流通安全，商务部2006年启动了“双百市场工程”，重点支持农产品冷链、质量安全可追溯两大系统和检验检测、结算、信息、监控、废弃物处理等五大中心建设和改造。这一工程的实施，改善了农产品流通设施，降低了农产品流通成本，促进了农民增收，保障了市场供应，带动了地方经济的发展。

茧丝绸业是商务部从种植、养殖、加工、内销、出口实行整个链条管理的产业。中国茧丝绸产量与出口量连续20年占世界总量的70%以上。为优化蚕桑业区域布局，加快新农村建设，商务部从2006年起实施东桑西移工程，累计扶持江苏鑫缘丝绸集团、安徽京九丝绸集团等100多家国家和省级农业产业化龙头企业，建设了100多个万亩优质蚕茧（出口）基地，覆盖中西部和东北地区18个省（区、市）的100多个县，约1000个乡镇，带动50多万农户，200万蚕农受益。

此外，为了扩大城市居民消费，2006年商务部开始实施以“便利消费进社区、便民服务进家庭”为主题的社区商业“双进工程”，健全和完善社区购物、餐饮、家庭服务和再生资源回收等生活保障型服务，促进社区商业网点的配套设置和服务水平的提升。目前已建立全国性示范社区250多个，带动了有实力的商业企业进入社区服务。

近年来，食品完全问题迭出，引起国内外广泛关注，流通领域食品安全行业管理问题和肉品质量安全监督管理问题，也日益受到人们的关注。流通领域的食品安全行业管理涉及到法规和标准体系的完善、“三绿工程”的实施和现代流通方式的推进。所谓“三绿工程”，是以“提倡绿色消费、培育绿色市场和开辟绿色通道”为主要内容的绿色消费工程；而推进现代流通方式，就是要发展连锁经营、统一配送等流通方式，净化农村食品流通渠道，有效抵制假冒伪劣商品进入农村市场。在肉品质量安全监督管理方面，主要是完善屠宰行业长效机制建设，扶持行业集约化、规模化发展，加强定点屠宰管理，减轻屠宰环节税费负担和加强禽畜屠宰信息化管理。

保护知识产权是建设创新型国家的有力保障，也是建设中国特色社会主义的一项重要任务。中国知识产权保护制度起步晚，只有二三十年的历程，但发展快，现已进入整体推进、全面提升的阶段。目前不仅成立了国家级知识产权保护机构，而且在全国50个大中城市建立了综合性的保护知识产权举报投诉中心，开通了全国统一的“12312”举报投诉服务热线和网上举报投诉服务窗口，面向全社会接受举报投诉，提供咨询服务。另外，从2004

年开始，中国每年都为配合4月26日的世界知识产权日，组织开展“保护知识产权宣传周”等系列活动，力争在全社会培育起知识产权文化。应该说，现在的中国人知识产权保护意识比30年前强得多了。

其实内贸领域还有很多人们感兴趣的问题，如商业特许经营、汽车品牌销售、春耕农资供应、市场变化、典当行业以及最近开展的家电下乡、以旧换新活动等等。国内贸易涉及百姓生活的方方面面，某种程度上说，关注内贸，就是关注民生；或者说不关注内贸，根本谈不上真正关注民生。

2、国际贸易与稳定外需。

对外经贸领域，我们大家都比较熟悉，但是，全球化浪潮不仅改变了传统的贸易方式，也大大丰富了对外贸易的内涵，也改变了资金流动的环境和方式。我们除关注日常的报道以外，还应该重点关注贸易方式的转变、引资质量的提高、“走出去”战略的推进、互利共赢战略的实施和开放创新举措的出台。

要报道加快外贸增长方式转变、形成新的国际竞争优势的重要性和紧迫性。要坚持引导企业培养核心竞争力、塑造新的竞争优胜；鼓励企业以自主创新为核心，以品牌、技术和营销为重点，推动出口逐步从生产过剩的成本优势向研发、营销过程的核心优势转化，实现“中国制造”向“中国创造”的转变，从而实现中国从“世界工厂”向“世界办公室”的转变；坚持引导企业建立自主性国际营销网络，提高出口能力，掌握贸易主动权，提高贸易综合效益；坚持鼓励企业抓住新一轮全球生产要素优化重组和产业转移的重大机遇，优化贸易结构、加快加工贸易转型升级，提升国际分工地位。

要报道提高吸收外资质量、增强自主发展能力的理念。新闻舆论应积极倡导创新吸收外资方式、积极有效利用外资；报道外资并购对国内企业改组改造、产业结构升级的促进作用，及时介绍外资企业境内上市的相关政策，引导符合条件的外商投资企业在境内上市；要宣传吸收外资与自主创新的关系，把吸收外资企业同产业结构调整、自主创新、区域协调发展及国内就业相结合，及时报道中国从招商引资向招商选资的转变。

在“走出去”方面，报道要引导企业通过对外直接投资，深度开拓国际市场，在更高层次上参与国际分工和竞争；加强对境外经贸合作区的宣传报道，主要报道他们对当地经济社会发展的参与和贡献；要鼓励企业在境外科技资源丰富的国家和地区设立研发中心或研发型投资企业；大力介绍对外承包工程和劳务合作，引导和鼓励企业拓展对外承包工程方式和领域，为企业承揽附加值高、影响大的交通、能源、电力和通信等基础设施项目服务，在鼓励企业巩固传统市场的同时，引导它们开拓发达国家市场，从而提高国际市场占有率和市场多元化水平。

在多双边关系方面，要进一步报道中国实施互利共赢的战略，介绍构建和谐对外经济关系的不断努力和巨大成就。

随着中国在多边经贸事务中话语权的不断增强、在推动建立国际经济贸易新秩序方面日益发挥积极作用，商务新闻宣传必须坚持以我为主，报道中国在深入参与多边经贸事务的过程中，如何发挥大国优势，努力发挥在维护和推动建立全球资源、技术、产品贸易体制中的积极的建设性作用。鼓励企业利用联合国机构、世贸组织、世界银行、国际货币基金组织等多边舞台，主动参与金融、外汇、产业、贸易、能源等全球重要经贸政策的制定和协调。

宣传中国构筑战略依托、加快区域经济合作进程的努力和成效。适应全球自贸区加速发展的趋势，把参与区域经济合作作为发展对外经济关系的重要内容。按照"依托周边，面向全球"的总体布局，统筹考虑，稳步推进，逐步形成以我为主导，以自由贸易区、优惠贸易安排和贸易投资便利化等为主要形式、涵盖多个国家和地区的区域经济合作网络，加强与周边地区的利益融合，深入参与和推进亚太经合组织、上海合作组织、大湄公河等各类区域和次区域经济合作，提升我在周边地区经济事务的影响力。

在报道中国与大国经贸关系时，宣传中国始终坚持拓展共同利益，善于运筹与大国的经贸关系。着眼国际政治经济发展大势，寻求更多的利益汇合点和更宽的互利合作领域，妥善处理争端和分歧，建立相互借重、合作共赢的大国经贸关系。加强与大国在国际经济事务中的磋商与合作，完善与欧、美、日、俄高层对话和合作论坛机制，妥善化解大国对华经贸关系中的消极因素，拓展我与大国在贸易、投资、科技、金融、能源、资源和环保等重点领域的合作深度和广度。

与发展中国家的经贸关系，主要是报道提升合作层次，深化与发展中国家的经贸关系。按照“相互尊重、平等相待、以政促经、政经结合、互惠互利、共同发展、形式多样、注重实效”的原则，研究对发展中国家经济外交的新举措，推动同发展中国家的经贸交流与合作，充分利用中非合作论坛、中阿合作论坛、中葡合作论坛、中国—加勒比、中国—太平洋岛国经济发展合作论坛等机制，深化中国与发展中国家的经贸合作关系。协调与印度、巴西、南非、埃及等发展中大国的经贸关系，以点带面，营造与其所在地区良好经贸关系。

援外方面，主要宣传我不断扩大援外规模，改革援外方式，一心帮助受援国发展。

关于贸易摩擦的宣传报道，要引导地方政府、中介组织和企业积极主动应对贸易摩擦。贸易摩擦容易成为新闻媒体炒作的对象，我们必须记住不管怎样炒作，都要坚持以我为主的原则，同时要以平常心对待，要做到有理有据有节，要配合相关部门和组织的应诉，不可因为我们的炒作给对方留下话柄。

商务领域最大、最引人关注的新闻矿山应该就是商务企业、商务人士和民生新闻了，那里有采之不尽、用之不竭的新闻素材等待着我们去开发、去利用。很多商务企业和商务人士在对外开放的大潮中伫立潮头，不仅对商务事业的发展做出了重大贡献，而且积累大量新鲜的经验，商务新闻没有理由不去关注他们、报道他们，但眼下报道很少，原因是我们现在的商务新闻严重脱离实际，没有把目光放在我们应该放在的地方。

商务新闻还涉及如下一些重点领域：金融业、制造业、技术、服务、投资、管理、市场和文化等，除商务部及商务系统外，还涉及国内一些重点部门：如发改委、财政部、国资委、国家工商总局、国家税务总局、海关总署、质检总局、国家外汇局等，所有这些领域和部门无不和商务有着千丝万缕的联系。记者应该经常光顾这些部门及其网站，随时了解最新动态。

第三节 商务新闻：像说话那样写作

短些，短些，再短些；
软些，软些，再软些。
——《毛泽东谈新闻写作》

商务工作作为国家对外开放的前沿，既沐浴着改革开放的春风取得了举世瞩目的成就，又肩负着维护开放、执行开放和不断推进开放的重任。商务既是对外开放的实践者和推进者，又是开放成果的受益者。因此，商务新闻宣传报道必须高举改革开放的大旗，坚定不移地为对外开放鼓与呼。

一、概述：指导思想和报道方针

“我们必须科学分析我国全面参与经济全球化的新机遇新挑战，深刻把握工业化、城镇化、市场化、国际化深入发展形势下我国各项事业发展面临的新课题新矛盾，深入贯彻落实科学发展观，更加自觉地促进科学发展，奋力开拓中国特色社会主义更为广阔的发展前景。”中共中央总书记、国家主席胡锦涛于2007年6月25日在中央党校省部级干部培训班上的这段讲话，不仅阐明了中国共产党人对待经济全球化的积极姿态，也是我国相当长的一段时间内商务新闻工作的指导思想。

中国的发展离不开世界，世界的发展离不开中国。这既是中国对外开放和全面参与经济全球化的全部原因和动力，也应该成为我们商务新闻报道的必须遵循的根本方针，其核心是互利共赢。

商务新闻的指导思想和方针给全球化背景下的商务新闻写作也提出了

不容质疑的两点要求：世界眼光和中国立场。

所谓世界眼光，就是要求商务新闻工作者必须熟悉国际经贸的游戏规则，充分了解国际惯例和全球商务领域的最新动向，及时报道可能对我国商务事业乃至整个国民经济发展产生重大影响的国内外重大经济商务事件；同时也要以国际视野和国际胸襟，以国际思维来理解和再现发生在中国和国外的商务新闻，揭示国内地方商务新闻、中国商务新闻和国际商务新闻在全球化背景下的真实意义。

所谓中国立场，就是要求广大商务新闻工作者始终做到：凡事不管是发生在国内还是发生在国外，报道不报道、如何报道、报道到什么程度，都要以我为主；判断的标准只能是三个“有利于”，即是否有利于中国的改革、是否有利于中国的开放、是否有利于中国商务事业乃至整个国家经济社会的和谐发展。

二、商务新闻写作的基本要求：用新闻语言写作

新闻作品的体裁和种类很多，消息、通讯、特写、言论、专访、侧记、综述、新闻分析、连续报道和新闻背景等。实际上可以简单分为两类：硬新闻和软新闻。硬新闻是指消息和时效性强的通讯、特写、言论、专访、侧记和新闻分析等；而软新闻则是指时效性不是很强的特稿、专访和调查性报道。商务新闻也是如此。

我们常讲，新闻写作要用新闻语言来完成，而不是其他。那么，什么是新闻语言呢？所谓“新闻语言”，就是新闻媒体在向人们报道新近发生的事实、传播具有新闻价值的信息时所使用的语言。它肩负着向受众或读者表述新闻事实、传递新闻信息的特殊使命，是新闻报道的最基本元素。

新闻语言是新闻报道的物质外壳，新闻的演变必然通过新闻语言的演变表现出来。新闻语言并不是一成不变的，一定时代的新闻语言总是反映出特定时代的新闻理念。历史的演变、社会的变迁和时代的变化，无一不由因新闻语言记录下来并且通过新闻语言的变化而有所反映，因此，新闻语言具有明显而深刻的社会烙印和时代印记。

和新闻语言一样，商务新闻语言一直具有具体、准确、简明、鲜活四

大特点，用新闻语言写作是商务新闻写作的基本要求，我称之为商务新闻写作的八字真经：

1、具体

新闻用事实说话，而事实不是抽象的，它由时间、地点、人物、事件经过、事件原因、结果等因素构成，因而表达和传播这些事实的新闻语言也必须是具体的，而不是抽象的或概念化的，更不是空洞的，而是原原本本地写出事物的具体情况：具体人、具体事、具体时间、具体地点、具体经过，也要求具体形象的现场描写、细节描写等。6个W，个个具体。具体的名词可以使故事更加清晰,具体的动词则能增加故事表现的力度和表达的鲜活。

鲁迅先生说过，写文章要“有真意、去粉饰，少做作，勿卖弄”。新闻作品更应真实、具体。写得越具体，新闻的可信程度就越高。

记得我们学习作文的时候，老师总是教我们多使用形容词和副词，这样写出来的文章才会生动。因此，就有人认为新闻也应该是这样：要把事实写得具体就得多用形容词。如：写成就便得用“举世瞩目、辉煌无比”，写变化喜欢用“翻天覆地，沧海桑田”，写建设总是用“一日千里、热火朝天”……这一类词句其实并不能使人对客观事实有一个切实具体的感受。

新闻当然要求写得鲜明、生动，也并不绝对排斥形象和艺术的语言，但必须以能够准确、具体地反映客观事物为前提，如果以为把字典拿来抄录一些华丽辞藻就能够吸引人、打动人，那将是大错特错。注意字斟句酌、推敲用语是对的，但一味追求堆砌辞藻、舞文弄墨，结果只能是华而不实、内容贫乏，这样的新闻作品终究是要为读者所鄙夷的。

新闻不同于文学，从语言的角度来说，总以平实、直白、朴素为宜，加之新闻要求完全真实，报纸篇幅有限等原因，写新闻不能采用合理想象和虚构的手法，并应讲究表达上的简练和质朴，因此，新闻报道更多地运用白描手法，尤其是写人物或场面，需要语言上的概括和内容上的具体。

2、准确

准确对新闻写作来说至关重要，写作准确性是新闻真实性的需要。新闻的一项基本原则就是新闻的真实性原则，新闻必须真实，不能含糊其词，不能模棱两可，不能夸大也不能缩小。一篇准确的报道会有正确的基本因素：语法、拼写、标点符号、日期、地点、数字以及其他有关细节，人物的名字与年龄更要弄准确，一旦有误就会影响记者乃至其所在媒体的信誉。因为语言运用不准确而造成新闻失真或歧义的情形在报道中是经常发生的。所以新闻写作中不宜随意运用那些不准确的语言。为此，我们要做到以下三点：

第一，要核实不清楚、有疑问的地方，英语中有一句话叫If doubt, leave out！意思就是：拿不准，就不用。

第二，要少用形容词。美国著名记者杰克·伦敦（Jack London）在其所著的《怎样当好新闻记者》一书中指出：要像挑选宝石和情人那样来选择形容词。的确，形容词是魔鬼，魔鬼太多了，总是很恐怖的。

第三，在选择的具体的名词和动词时，要选择“恰如其分”的词，让词语的准确含义与所描写的真实情况一致起来，不用不恰当的比喻和警句。

日常报道中，有人爱用含混不清的语句来代替清楚明确的语句。比如，有的新闻写作中喜欢使用“最近”、“不久以前”、“长期以来”等比较含混的字眼来代替可以表明的具体时间；有的用“许多”、“无数”、“广大群众”等比较笼统的语句来代替可以表明的具体数量；有的则用“大概”、“差不多”、“可能”等模棱两可的语句来代替可以具体表明的程度。凡此种种，都是不符合新闻语言的自身要求的。

当然，报道的准确性还包括信息的完整性、平衡性和公正性，而不是仅仅一面之词。但是，这并不意味着每一条新闻要做到面面俱到、囊括题目的所有相关信息；然而，记者决不能漏掉关键信息，尤其是那些可能影响读者对事实的理解和判断、从而导致报导失真的事实信息，绝对遗漏不得。

3、简明

简明者，一是简洁，二是明确，所谓言简意赅是也。好的记者通常是用词吝啬、惜墨如金的记者,稿件中找不出半句废话，因为“简明”能使稿件显得苗条，看上去就很美，而且整个稿件的行文步伐感觉更加轻盈。对于普通读者来说，新闻作品应该清晰易懂。

美国著名诗人埃泽拉·庞德曾经说过，能写诗的人，未必都能写出短诗；能写短诗的人，未必能写出警句。同理，写出短小的新闻比长篇大论的报道更为困难。我在给一些年轻记者谈新闻写作时也曾说过：新闻稿件就像宴会前的致辞，越短越好，也有人开玩笑说是像女人的裙子。

不管什么样的新闻作品，首要的是要用词简明，文字晦涩的新闻是不会有读者的。要使文字简明，首要的一条就是，只保留重要的，不写非重要的；能用简单的词和句，决不用复杂的词语和句式，更不要用晦涩艰深的词和令人眼晕的修辞。具体地讲，要做到以下三点：

第一，一条新闻只报道一件事实或只写出一个人物。这种一事一报或一人一报，内容和结构都比较简单，容易做到条理分明、头绪清楚。如果报道的事件比较复杂，牵涉到的人物较多，可以采用分解报道的办法，化长为短，化繁为简。

第二，直接写事实。说短话，写短句。不用过剩的抒情句，不要穿靴戴帽，要学会精选事实，让事实说话，把事情来龙去脉交代清楚就行了，要干净利落，决不拖泥带水。稿件写作时，要惜墨如金，而不能挥墨如土；选择文字时，要善于“取舍”，勤于“推敲”。

第三，在句式结构上，要强调简捷直叙，少曲折迂回，尤其忌讳语言杂质，不要让复杂的结构和修辞手段、表情语言淹没事实。删除所有的专业术语和行话、艰涩深奥和华而不实的辞藻。只要不影响读者的理解，就不要作过多的解释。

邓小平先生曾经说过，“把不重要的去掉，剩下的就是重要的了！”。这句话，我们作为新闻工作者一定要牢记在心并努力付诸实践。新闻因为时效和截稿时间的要求，要求迅速及时处理，这就决定了新闻语言要简明扼要、开门见山、直截了当。优秀新闻作品的逻辑和意义都是浅显而直白的。

4、鲜活

很多人把新闻语言的第四个特点概括为通俗。其实这并不矛盾，因为通俗的语言才是大众的语言，大众的语言才是最鲜活的。

新闻是人们普遍关心的事实，有群众性。不论是知识分子，还是识字不多的人，都习惯通过媒体了解国内外大事和一些与自己生活、工作密切相关的信息。因为，我们的新闻是为读者或受众所写，所以，新闻写作必须用最接近口语形式的书面语来完成，尤其是广播、电视新闻所用的语言，更应该接近口语，怎么说法就怎么写。只有用大众的语言讲出的故事，大众才能听懂，才会爱听；只有用鲜活的语言写出的新闻，才能为大众所喜闻乐见。

要想使新闻语言鲜活，稿件还必须在细节刻画上下工夫，细节描述是生动的，生动在细节!

此外，在尽可能的情况下，要尽少用或避免使用只有少数人或部分人才看懂听懂的一些行话或专业术语，少用或者不用毫无生机的报告语言，了无新意的空话套话。专业术语如果非用不可者，也要用通俗的而非专业的语言去做必要而且适当的解释。

不少人没有弄清楚新闻语言和一些具体新闻作品中的文字用语的区别，对新闻语言大家鞭挞，认为新闻语言语法不通、语言罗嗦、用词不准、文字干瘪等等，这显然是不公平的。

诚然，由于新闻作品本身就是急就章，有很多是“站着写的”，也由于新闻从业人员水平的参差不齐，上述现象在新闻作品中确实出现的频率很高，但这确实不是新闻语言本身的错，新闻语言一直追求的是具体、准确、简明和鲜活，它体现了一种简洁、明快、精细和生动的美。

一部好的新闻作品读起来不仅会令读者赏心悦目，而且让他们神清气爽，酣畅淋漓。新闻语言的上述特点就是新闻记者写作的目标追求，也是商务新闻记者写作必须遵循的基本原则。

我个人认为，是否懂得并能掌握和熟练运用新闻语言的美学原理，使故事更具吸引力，是衡量一个记者能否成为优秀记者的重要尺度。一名优秀的记者不仅拥有一双灵敏的善于嗅到新闻线索的“鼻孔”，一双敏锐的精于发现新闻素材的眼睛，还要有一双神速的长于表达新闻内容的巧手。

通常，文字的魅力能够使一个记者的稿件与众不同，而所谓“文字的魅力”， 主要取决于驾驭文字的手法和艺术。怎样才能使自己的稿件“魅力无穷”呢？这有点像中国的书法艺术。中国书法很讲究整体效果，比如一副字看上去，苍劲有力，气势恢弘，但从中取出任何一个字，放在一旁，可能都难以起到这样的效果。这里有一个谋篇布局的问题。

三、优秀新闻作品的四大要素：主题、内容、角度、结构

新闻写作的 4 S原则或称“惟短是美”原则是：

－Short words!	短词
－Short sentences!	短句
－Short paragraphs!	短段
－Short story!	短文
－The shorter，the better!	越短越美。

一篇能够达到写作目的、起到应起作用的商务新闻作品，就是一个好的商务新闻作品。一部好的商务新闻作品，起码要满足两个条件：一是给读者以信息，使人们在阅读中获取服务，满足读者的阅读诉求；二是给读者以快感，使他们在获取信息的同时，获得愉悦感和舒服感。一篇优秀的商务新闻通常具有鲜明的主题、丰富的内容、新颖的角度和合理的结构。

1、好的新闻作品应该具有鲜明的主题。

新闻主题是指新闻报道的中心思想和基本观点，也就是记者对客观事实的看法、态度和通过事实的报道所表达的主观意图。主题在新闻中起主导作用，贯穿全文、支配写作，是新闻构思、选材、表达和运用语言的依据。

一个好的新闻主题必须是真实而有意义，必须符合党和政府的大政方针、符合当前的国内国际形势和商务工作的实际，传播主流价值观，并有较强的针对性。一篇好的新闻稿件主题必须集中、鲜明而深刻，符合基本的时代精神或风尚。

要使稿件有个集中、鲜明而深刻的主题，最显而易见也是最重要的一个概念就是主题的单一性。

主题的单一性要求一篇新闻稿件必须有一个主题，就像政府公文要求一事一报一样，一篇稿件也应始终围绕一个中心思想或主题去展开。没有一个一致的主题，稿子就会是一盘散沙，就会成为细节、猎奇和各种互不相干的零碎信息的大杂烩。

顺便提一下，题目和主题不是一码事。我们平时报上刊登的新闻稿件绝大多数都是没有主题的，它们充其量是围绕题目写作出来的稿件，而这个

题目通常就是一个新闻事件。我们必须了解题目和主题的区别：题目只是一个话题，一个标题，一个标识，主题则是一种表态，一种立场，一种宣言。

主题的单一性要求一篇新闻稿件只能有一个主题。如果有多个主题，稿件的焦点就会因分散而模糊甚至混乱，读者阅读起来就会像“丈二和尚——摸不着头脑”。稿件如果总是从一个主题跳到另外一个主题，这种跑题的稿件往往会把读者吓跑。

为什么会出现跑题现象呢？通常原因有二：一是记者的思维没有根据主题的单一性的需要展开，而是建立在跟某一个话题相关的情形下得到的各种信息和细节的基础之上的；二是想当然地认为从某种特定情形下获取的所有信息都是具有新闻价值的。

如何避免跑题呢？很简单，常问自己：这些细节和信息对稿件的主题来说，是否具有相关性和必要性，有它或没有它会对主题产生什么样的影响呢？如果对深化主题有益，就用；反之，则不用。

主题的单一性还要求一篇新闻稿件要有缜密的逻辑顺序。新闻稿件的结构最常见的是“倒金字塔形式”，这种形式也要求我们把最重要的事实放在最前面，次要的次之，更次要的更次之。

当稿件从一部分转到下一部分时，记者适时提示读者这种变化是很有必要的。提示的方法就是过渡。一些关键的过渡词非常有效。如：与此同时、无独有偶、同样、当然、然而、尽管如此、但是、因此等等。

2、好的新闻作品还应该具备丰富的内容。

丰富性能够增强稿件的影响力。这种丰富性可以通过许多方法实现，最直接的一种方法是选择重大题材，大量优秀新闻作品之所以成为优秀新闻作品，并不是因为写作质量是多么上乘或写作技巧有多么高超，而是因为其主题之重大。因此，大家彼此心照不宣的是，题材的好坏决定了作品的优劣。

我们知道，新闻选材是指挑选那些准备用于写作的新闻事实材料，包括选材范围和选材过程两部分。选材必须坚持的三大基本原则是：围绕主题，服务主题；区别主次，反映实质；以一当十，以少胜多。

最大限度地体现新闻的价值，最大限度表现主题，是新闻选材的基本要求。具体地讲，就是要选择新鲜生动的材料、选择积极健康的材料、选择独具特色的材料。

丰富性不仅包括内容的丰富，同样还包括表现手法的丰富，因此，同样不言而喻的是，写法的僵化也会扼杀稿件的生机。

新闻语言要求笔调真实自然，不能矫揉造作。古人云：文无定式。记者写作应该冲破各种条条框框的束缚，顺其自然，意到笔到。最好、最有效的写作风格就是写出自己的特点，而不是所有稿件机械地像一个模子刻出来一样：千篇一律。

一个具有鲜明个人色彩的写作，意味着两点：一是记者不能像个机器人那样写作，记者一定要懂得新闻写作的基本规则和要求，但又要从这些规则和要求中解放出来；规则和要求是帮助记者写出规范的合乎要求的新闻稿件的，但记者不能被他们捆住手脚，一旦熟练地掌握了它们，就应该跳出这些规则和要求，挥洒自如，从而使自己的写作进入更高的境界。二是从人性角度去挖掘，赋予新闻素材以生命色彩。

稿件的写作不是从电脑的键盘开始的，而应该是从人的内心深处开始的。记者是什么？记者就是写故事的人，故事的听众或读者也是人，而精彩的故事里面总有活灵活现的人。既然如此，我们是没有理由把人写得像呆板的事物，如果人是有感情的，就把感情写进稿中，要知道：人不是任何自然法则、数学公式或客观标准所能限制的。记者是人，稿件中的人也是人，所以，记者就应该像活人一样去写作，而不是像一个机器人那样写稿，把稿中的人物写活，而不是写成一个没有表情、没有模样、没有感情、没有思想的木偶。

描写须具体细致，不能空洞无物。最有效的写作方式是善于运用具体细节，几乎所有优秀的新闻作品无一例外。没有细节的新闻作品过于概念化，显得空洞无物，具体的细节可以使稿件明确而特别：人物的体征描写有助于读者更好地把握人物的性格，可靠的场景描述能够帮助读者联想新闻发生的现场。没有具体细节，新闻变得模糊不清，人物和事件都变得朦朦胧胧，惟有细节才可以给它们注入活力。细节是动人的，稿件的成功在细节。细节能够帮助读者看见、闻见、听见记者在写什么。

唤起读者共鸣，不能自拉自唱。优秀新闻作品能够营造出一种氛围，而且衡量新闻作品优劣的标准之一就是稿件是否能够让读者感觉到或体会到人物的心境或事件发生时的环境。然而，营造氛围或唤起心境并不是写作风格的一个特别的组成部分，它是各种写作手法综合运用的结果；它也不是人为能够制造出来的，而是通过新闻稿件的主题、故事、细节、个性和其他因素等共同作用而自然呈现出来的。能否传递这种心境和氛围是稿件是否优秀的一个重要指标。如果一篇稿件能够算得上优秀，那就一定能够唤起某种心境和氛围，引起读者的共鸣。

作家托尔斯泰在描述其代表作《战争与和平》的成功时说："我不讲故事，我不解释，我只是展示给大家看。我让书中的角色替我说话。"这便是托尔斯泰的展示观。

记者写作的一项黄金法则就是：展示给读者，不要给读者讲故事！理由：讲述故事使读者或听众处于被动地位，而展示故事则能有效调动读者的主观能动性。试比较：

追悼会上，悲痛欲绝的父母失声痛哭。（讲述）

富兰克林搀扶着夫人，这对父母缓缓地走到儿子的遗体前。（展示）

优秀的新闻作品不应该是直接讲述，而应该是展示。比如人物性格如何，最好不要直接说暴躁或温顺，而应该通过细节描述让读者感到人物的暴躁或温顺，即通过细节去展示人物的性格。新闻之所以重要，主要因为一个原因：人。新闻为人所写，涉及到人，影响到人。人们之所以关注新闻，就是因为新闻影响人们的生活。每个记者都应该大胆探索新闻写作中的人性角度。关注民生民情民意，不能"稿"中无人。

一篇稿件关于人的内容越多，读者读起来就会发现稿件越有魅力。

3、好的新闻作品还应有一个新颖的角度。

严格地讲，"角度"二字贯穿整个写作的全过程。首先采访决定写作，因此写作的角度受限于采访的角度，换一句话说，采访过程中，我们接触事实的角度、观察事物的角度、解剖事实的角度和选择事实的角度对我们写作的角度有很大的影响。

"角度"一词，原为几何术语，这里借来表示看问题的出发点或立场。

稿件的开头是全文的广告，一字千金，容不得慢吞吞地从头说起。构思新闻作品总是从角度的选取开始。选取角度，就是根据已经明确的报道意图、现成的报道素材和广大读者的需求，以一种独特的视角，去寻找与众不同的报道事实。

角度有时也被称为由头或者视角。一个好的由头首先必须是新颖的，或者是有趣的，或者是时下的一个热点、难点、疑点。因为，只有这样切入，才能迅速引起读者的阅读兴趣，吸引读者的眼球。

以人的视角关注各种商务现象对人本身的价值和意义，角度必然新颖，可读性自然很强。新闻不能仅靠议论和叙述吸引读者，而应通过讲故事的手法激发读者的阅读兴趣，使他们获得具体印象，从而得到一种阅读的快感与满足。

用故事化的手法写新闻时，应努力挖掘新闻事实中具有人性、人情和人味的因素，描述人的生存境遇，捕捉生动传神的生活细节，展现人性的真善美，把情感因素融入理性思索中。近年来媒体流行的“讲述老百姓自己的故事”，就是捕捉到了普通人身上闪烁着的人性光辉和生命活力，显示了平凡中的伟大，琐碎中的崇高，展示了一种人性的崇高美。

用故事化手法写新闻时，常用的视角主要有以下几个：

——“我”的叙事视角。将新闻事件中的人物作为叙事的主角，通过人物对现场的身临其境、耳闻目睹的观察和感知讲故事，增强故事的真实性和可信性，使观众在情感上自然而然地产生一种亲近感，对新闻事实的报道形成认同感。

——公众代言人的叙事视角。记者像一个超脱的观察者，不动声色地记录下周围发生的一切，自己的个性深藏不露。这种公众代言人的叙事视角，使读者对事件有了深刻的认识和理性的思考。

——第三者的叙事视角。即借他人的眼睛对事实进行客观的叙述。记者在借用第三者叙事过程中，把事件凝固在某一瞬间，通过人物的眼睛复原当时的场景，吸引读者完整地阅读故事。故事化手法运用于新闻写作，使新闻报道呈现出了勃勃生机。

然而，新闻故事化手法突出强调趣味性、人情化和矛盾冲突，注重新闻事件的画面、细节，重在技巧的运用，而对新闻的时效性以及新闻的来源重视不够，这对新闻的真实性无疑构成一种潜在的威胁。所以，记者在运用故事化手法写新闻时，要具有较强的新闻意识，在追求审美效果的同时，不能忽略新闻报道的基本要求，使作品更像新闻，而不是文学。

4、好的新闻作品一定有合理的结构。

所谓新闻结构指的是新闻内容的组合与构造，也就是新闻作品的谋篇布局问题。新闻结构作为新闻作品的外在形式，是为新闻的内容服务的，它必须反映事实的内在联系、有利于表现主题、适应受众心理、紧凑且富于变化。每篇稿件都有结构，就像每个人都有骨骼一样。没有结构，稿件就会成为一堆没有主干的事实大杂烩。结构对一篇稿件能否让人理解和能否有效表达意图至关重要，但这并不意味着所有稿件只应有一种结构，每篇稿件都要符合体裁自身的特点。优秀的作者总是会选择最适合报导内容的结构的。

常见的三种新闻结构

——倒金字塔结构。这是一种早在100多年前就已经形成的传统新闻结构。它总是把最重要的信息、最具新闻价值的事实放在最上面，然后是其他信息，按重要性依次排列。这个结构对报导重要新闻或突发新闻非常有用，因为在这种情况下时效性是第一位的。如果你是某一重要事件的新闻首发者，你要在稿件一开始就告诉人们发生了什么事。在倒金字塔结构中，紧跟导语的信息扩充或发展导语所提的要点，辅助段落依主题展开，加入细节。如果是一条长篇稿件，记者可以加入一些与主题有联系、但非直接相关的第二手信息。

——时钟沙漏结构。这种结构其实是倒金字塔结构的一种变体，它同样是以最重要的信息开头，但在几个段落之后，会掉转方向，变成一种通常按照时间顺序进行的叙述。这种叙述结构要求在开头部分与叙述部分之间有一个明显的转折点。而后开始时钟沙漏下半部分的故事。有些稿件完全按时间顺序走，这些稿件往往是特写性质的。

——钻石结构。这种结构首先以某个具体人物的故事开始，人物的经历揭示出稿件的实质所在。这个小故事随后扩展开来，让人们看到其更广泛的意义。稿件结尾时，记者再返回这个人物的故事。在使用这种结构时，记者常常会放入一个“核心段”，回答导语所提出的问题，说明这个事件/情况为什么重要，将报道放入一个更宽的背景中，说明稿件的真正意义所在。一般来说，核心段应放在稿件的较前部分，以便让读者清楚继续往下读的意义。钻石结构已被华尔街日报等报纸广泛应用。

角度选准之后，之后及正文的组织顺序可按时间顺序，也可以按地点的顺序。还可以按逻辑的顺序。虽然时间顺序可能不是最好的行文顺序，但它最省事、最安全，因此也最保险。此时，时钟沙漏结构是一个很好的选择。

时间顺序除最自然、最容易掌握外，还可以通过对事实精心地进行取舍、剪裁、安排和使用，对背景材料的选择和运用，巧妙的寓观点或倾向性于客观报道形式之中，使得新闻事实暗含着可表示多重“因果关系”的优点。先发生一件事，随后总伴随着另外一件事情的发生，人们就会理解前面发生的事情是“前因”，后面发生的事情是“后果”。

新闻作品中，这种按客观事实本身的逻辑顺序来展开的新闻，以事实描述事实，至少看上去不是按记者的主观意图来展开新闻的。虽然不用重复交代“总发生”，读者不是傻瓜，自然会明了记者如此排列素材的用意，也会习惯地按照逻辑顺序推出前后不同事实之间的“因果”关系。

由于叙事处在连续不断的前后次序之中，只叙述事实而不加议论，只是要让足以说明有关道理的事实来说明问题，不同的读者会在不同的时间点产生不同的因果联想与思考，这显然大大拓展了新闻作品本身的内涵。这种让读者在阅读中得出结论的表现手段，与作者直接评论或使用逻辑明示的手法相比，文章意图更容易被读者接受，更为深藏不露。

较长的新闻作品一定要在文中添加用小标题。有些作者、特别是善于谋篇布局的作者，有时总是觉得小标题仿佛可有可无，因为他们认为自己的作品总是一气呵成，贯通直下，没必要借助小标题来实现起承转合；但他们忘了，稿件不是写给自己看的，而是给读者看的。对读者而言，一眼望去，黑压压的文字堆积在一起，是会压得他们喘不过气来，从而将他们吓走的。

小标题的使用，会给稿件尤其是偏长稿件带来意想不到的阅读效果：

首先，小标题的功能首先是将堆积在一起的文字区隔开来；

其次，小标题要能概括提示下文，其“关键字”功能大于文辞上的工整华丽；

最后，小标题相互之间还可以通过句式一致，层层递进，或一字排开等形式形成某种联络和照应。

合理的结构并不排斥打破常规，以精确想象处理稿件中的人物与动画，特别是在过渡段落，要巧妙地简要交代来历出处或作出解释说明，段与段要错落有致、整个稿件行文也要尽量让读者感到速度、力量和节奏等的变化。

新闻写作的一个重要原则是，要向人们说明事情，展示事实，而非仅仅讲述故事。比如，一篇好的报导不是仅仅说参加葬礼的家庭成员悲痛万分，而是会通过描写家庭成员如何相拥而泣来表现这种悲痛。好作者不是仅告诉读者那个人很高，而是会提到这个人在进门时需低头才能进入。

新闻写作的10条准则

1、不清楚事件本身原委不用急着下笔；

2、不知道自己要说什么不用着笔写；

3、展示给读者看，而不是讲给读者听；

4、精彩抓人的引语尽量往前放；

5、好的说明或趣闻轶事尽量往前放；

6、尽量使用具体的名词和富有色彩的动词；

7、不要用太多的形容词，不要用副词修饰动词；

8、不要使用主观判断或暗示，让事实说话；

9、不要提出稿件中不能回答的问题；

10、要用朴素、简明、诚实、快捷的笔调去写作。

——美国哥伦比亚大学教授迈尔文·门切尔：《新闻报道与写作》

第四节 导语：字越少，效果越好

在一连串的事实中挑选最核心的内容，以尽可能少的字数在一两句话内概括出来，作为一篇新闻稿件的开头，这就是导语。导语是消息的特有概念，是稿件最重要的组成部分，因为它直接决定读者是否有兴趣继续读完这篇稿件。

一、导语的概念及其类型

1、概念

导语是就以简要的文句，突出最重要、最新鲜或最富有个性特点的事实，提示新闻要旨，吸引读者阅读全文的消息的开头部分。导语的任务就是：一要千方百计把重要的新闻事实及其其意义表现出来；二要想方设法激起读者来阅读消息全文的欲望。导语的重要性表现在：

——导语可以使读者从无意注意到有意注意

——导语的优劣对编辑决定稿件的取舍和确定版面位置很有影响，甚至起决定性作用

——导语写作最能体现记者的才华和功力

——导语为整篇消息定下基调，关系着下文如何顺利地展开

——一篇消息只有一条导语，而它是最优化的方案

别看导语只有一两句话，但通常，它是一篇稿件中最难写的一部分。

导语写好了，一条新闻就完成一半了。导语之重要，可以从毛泽东同志的一句话中得到印证。他老人家在谈到导语时曾经说过，导语，亦即中国古人所谓“立片言以居要，乃一篇之警策”，以唤起阅者注意，使阅者

脑子里先得有一个总概念，不得不继续看下去。

从5W1H原则到So-what原则

传统的导语写作要求交待清楚新闻六要求，但不要胡子眉毛一把抓，一股脑儿把“六何”问题都放在导语里说明清楚。所谓“六何”就是业界人士常说的5个W和一个H：何人何事何时何地何如何故。这种写法写出的导语太冗长、太僵化、太死板、太复杂，何况对“六何”的回答也未必都是最重要的，况且，对于这些问题的回答完全可以放在稿件后面的适当地方再加以交代。世界如此大，国人如此多，读者跟日常新闻报道中的普通人，谁知道谁呀？再说，事情发生的时间和地点也并不总是重要的。

现在的人写导语，根据不同的稿件，只强调“六何”中相应最重要的或人们最感兴趣的那“一何”的回答。那么我们开始写作的时候，如何确定哪些“何”的答案是最重要的呢？一般来讲，应该考虑以下几个问题：

——最重要的信息是什么？稿件的主题和题目是什么？

——在既定题目下，哪些是已经说了，哪些已经做了。发生了什么，做了什么。

——最新进展是什么？昨天发生了什么，今天又发生了什么？

——哪些事实最可能影响或吸引读者？

2、类型

导语的分类有许多方法。一般来讲，按照不同的分类法，导语有不同的类型。比如，同新闻有软硬之分一样，导语也有软导语和硬导语之分。

硬导语适合硬新闻，即动态新闻，它一般介绍稿件中最为重要的事实，通常只含有一段话，且语言和文字都很简练；软导语则适用于特写尤其是特稿类稿件，它通常是通过别具匠心的描写、趣味隽永的剪影或妙趣横生的典故，吸引读者的眼球，一般都有两到四段。

另一种分法是把导语分为直接性导语或间接性导语。

直接性导语，又称概括性导语或开门见山性导语，指抓住最新鲜、最重要的新闻要点并严格集中在这一点的导语。它是所有记者最为熟悉的、运用最为广泛的一种导语形式。直接性导语又可以分为叙述式、总结式、评述式等。它适用于时效性较强的事件性新闻。为什么呢，这种导语，即使读者看后没有欲望再继续读下去了，他对这条新闻的主要内容也有了一个大致的了解。

不少时候，作者并不想把主要内容在稿件一开头就直截了当地告诉记者。通常是先写一些潜台词，故意推迟关键内容的出现，这是我们要谈的第二种类型的导语：间接性导语，又称延缓性导语或延迟交代性导语，是相对于直接性导语的一种常用的导语形式，即导语中曲径通幽，引人入胜，间接体现新闻主题，迂回舒展地引出新闻的核心事实或新闻要旨。间接性导语可分为描写式、引用式、对比式、设问式。

这样写的用意是，通过一个具体场景的描绘和情节的进一步展开，来刺激读者的阅读快感、激发读者的阅读兴趣。

间接性导语尤其是在撰写软新闻和特写类稿件中被广为运用，但值得注意的是，这种类型的导语也越来越受到报纸的青睐，《国际商报》就有很多记者喜欢写这样的导语，应该说是一个可喜的现象。例如：

直接性导语

丹尼尔·莫尼安今天辞去了美国长驻联合国代表的职务（《纽约时报》）。

间接性导语

当他告别了联合国大厦的时候，丹尼尔·莫尼安明白无误地为自己打开了另一扇门——通往美国参议院的大门（《基督教科学箴言报》）。

还有一种分类法把导语分为单因素导语和多因素导语。单因素导语多用于一事一报的动态消息，是读者常用的一种导语形式；多因素导语常用于综合性报道中。通常，多因素导语又被称作总结式导语。有时，多因素导语不止一个自然段，而是两个甚至三个自然段。关于软导语、延迟交代性导语和多因素导语后面谈及特稿写作时还有详细论述。

除了上述按大类划分导语的类型外，还有的人主张按内容和形式来划分导语。按内容分就是以新闻六要素为依据，将导语划分为何人、何事、何时、何地、何如和何故等类型，这是因为这些因素因为不同情况成为导语的主角。

二、导语的特点

完美无瑕的导语是不存在的，但出色的导语非常抓人，能够吸引读者的眼球。记者越是想让自己稿件的导语更好地为读者所理解，越是要费力气才能写好它们。要写出好的导语，必须先了解一下导语的特点：

简洁：

导语必须简洁，因为这样便于读者阅读和理解。美联社规定每条导语平均不能超过18到20个英文单词，不少记者坚持任何导语都不能超过30个英文单词，这个要求是很严格的，致使记者不得不在导语完成后，停下来，数数字数。当然，只要容易理解和明白，稍微超过一点点字数是可以接受的。

数字数不如数行数，一般来讲，在每行二十个字的中文稿纸上，导语在三行之内，即60个字左右比较合适，4行也是可以接受的，但5行以上的导语就太长了，就是说导语不能超过100个字。

导语中可以把不必要的名字、日期和地点删去。导语中不要有太多的名字，尤其是读者不太熟悉的名字或者是无足轻重、无关紧要的人的名字。

具体：

一条好的导语会包含具体、有趣的细节描写，使读者可以想象导语所描绘的事情。太笼统太概括的导语是不受欢迎的。

生动：

一个简单的描述性动词的使用，不仅鲜活，有趣，而且可以给导语增添戏剧效果。但一些含义较弱的非描述性动词，尤其是一些被动语态的动词，要尽量不用，相反，要多用一些那些意义强烈、有力量的和主动语态的动词，这会使导语更加色彩斑斓、富有趣味、富有戏剧性。

如果我们一不留神写了一个含有被动语态的导语，也没有关系，我们可以轻易地将它转化成主动语态的导语。

意外：

导语要强调意外的非正常的因素。从定义看，新闻包括那些偏离正常轨道的东西——正常不是新闻，非正常才是新闻。一些报纸喜欢炒作非正常事件，是因为非正常的东西比正常的东西更有意思，因此也更加吸引读者，这是毫无疑问的。

成千上万的飞机正常飞行都不是新闻，一架飞机出事就是新闻，道理就在这里。西方对这种情形的解释是：狗咬人不是新闻，人咬狗才是新闻。上世纪八十年代，一位从新西兰常驻的记者朋友告诉我，他在任期间，新西兰还真的爆出了一条狗咬人的新闻，因为那条狗把自己主人的睾丸给咬掉了。这也是一件出人意料的事情。

客观：

导语和正文一样，都必须客观。记者的任务是为读者搜集和传达事实的，而不是评论、解释和主张的。导语中写事故就是写事故，不要说“悲剧”；谈人物时就是谈人物，不要说“英勇的”或“英明的”；报道事实就是报道事实，不要说“有趣的”或“惊人的”，等等。这些带有评论性质的形容词，太占空间了。对那些充满了意见或解释的导语必须加以修改，以补充事实元素。

尽管记者不能在稿件中表达自己的观点，但经常可以把自己的观点融入到稿件中的人物的语言中去。导语中若包含一个关于观点的声明就必须给出消息来源，以便读者了解这是别人说的，而不是记者本人的意思。

消息和言论的一个主要区别，就在于消息需标明消息来源，也就是要交代“谁说的？”，同时还要明确说出说话者的身份，尤其是在报导有争议的说法或令人怀疑的信息时。

消息的出处既可以直接说明，也可以间接显示。大多数稿件要交代消息的出处，其主要原因是，要让公众自己决定是否相信读到的信息，或者让公众清楚是谁发出的这种有争议的言论，对这一言论负责的应是那个来源，而不是记者或者新闻机构。但这并不意味着记者可以避免受到法律追究，一个负责任的记者有义务辨别这种争议性言论会引起怎样的公众或社会反应。

当然，大凡好的记者都能明确说明某一指责来自哪里，某个立场属于何方。但不是所有的新闻稿件中的所有的信息都需要明确出处。指出每个细枝末节的消息来源，不仅没有必要，反而会使新闻稿件变得无法让人理解。记者直接观察得到的信息，可以无须注明出处地给予描述；同样，没有争议的、普遍接受的事实，也无须明确出处。

新手在处理消息来源时容易犯两个错误：一个是该交代出处时没有交代；另一个是不需要交代出处时又交代了。一般来说，导语中含有引语、批评和指责的话或者关于某个观点的声明时，消息来源就必须交代。在交代消息来源和评论的出处时，来源或出处必须表述得尽可能精确。消息来源或出处一般放在句末，而不是在句子开始的位置。

也有一些导语在交代消息来源时，故意不给出具体名称，而只是在导语里描述了消息来源，然后在第二第三段时再给出全称。这样做的目的就是要在导语中能把更多的精力和笔墨用来报道主要事实的。

如何写出漂亮的导语

1、找出故事的核心元素。通常，每一次完成采访任务后，我总是会在回办公室的路上就开始反复地问自己：最重要的最新的情况是什么？任凭采访时的情景一一在脑海里重现，这其实就是在构思导语，这一构思过程就是筛选事实材料、选择最有力最核心的故事元素、琢磨人们最感兴趣的是什么，如何使两者达到和谐的统一，决定用什么样的导语来写作更为合适的过程；

2、如果发现其中某一个镜头总在自己的眼前挥之不去，就说明这样一个故事元素特别突出，不妨就采用单元素导语的写法；如果不是这样，而是总有几个镜头反复交替出现在自己的眼前，那就说明不是单元素而是多元素在起作用，因此我们就可以采用多元素导语或概括性导语；

3、不管用什么样的导语，一定要用新闻事实，但要避免与主体内容的重复，一定要用简洁明快的句子代替拖泥带水的句子，用简单的主—谓—宾结构的单句句型代替冗长复杂的复句句型；

4、用普通常用字代替生僻的词，用具体的名词和形象生动的动词代替形容词和副词；要密切关注日常用语，文字凝练、醒目、明快，避免陈词滥调，既要清晰明了，又要注意效果；

5、导语一定要短小精悍，新颖、新鲜、鲜活！不要粉饰事实，也不要让事实淹没在过多的描述性词汇之中；

6、导语要有可读性。所谓可读性，至少包含3个方面的内容：主题思想明确、句式结构简单、词句具体生动。但要记住的是无论如何，决不能为了可读性而牺牲新闻的客观性和准确性。

三、避免导语中常见的错误写法

新手在写作时经常爱犯一些错误，比如陈述一些不言而喻的事实等等，下面是一些较为常见的错误：

顺序式

有些导语不管三七二十一，一开始就强调最早发生的事情，然而最早发生的未必是最有新闻性的，所以我们开始写作时，一定要首先确定哪些事实和细节最有趣、什么最重要，然后就用这些事实和细节作为导语的开头，不管它是最早还是最晚、或是中间发生的。还有一些导语过分强调故事发生的时间和地点。不过，这是传统的说法，现在已经有人冲破了这种传统的束缚，尤其是在写生平新闻的时候。

导语是作者邀请读者进入故事的入口处，所以不要在门口放置门垫，让读者站在那里干等！导语一定要简短、简单、简明，让读者直接进入故事的殿堂！

次重要的东西可以放在导语的后面或后面的段落，但尤其要注意的是通常不要用消息来源开头，姓名与头衔都是枯燥无味、而且往往也是无足轻重的；况且，如果导语都是用消息来源或者故事发生的时间地点开头，那么所有的导语都将会给人似曾相识的感觉。消息来源除非非同凡响或异常重要，才值得放在导语的最前面以示强调。

如果我们不能肯定要强调什么，看看故事中的一些动作或结果，也许会对我们大有裨益。

标签式

新闻的导语应该报道故事的本质，而不仅仅是标题的重复。一条好的导语不是只报道一群人聚会、记者招待会举行、谁向谁发表了报告或谁听取了谁的演讲，展览会开展或交易会开幕等，而是要揭示这群人在聚会上做了什么，总结记者招待会上、报告中或演讲中说了什么，展览会展出了什么，交易会上什么商品成交最为看好。

生疏说法式

导语要尽量的清晰、简单和可读。如果有读者不熟悉的名称或术语，把它们放在后面的部分，不要放在导语中，或者，干脆忘掉它们！如果导语中接连出现读者陌生的名称或术语，导语就一定非常枯燥，没有读者会继续阅读下去的。

列表式

不要在导语中出现清单。表格和名称一样枯燥。如果你必须用到清单，一定要在前面（而不是后面）加上一句解释；如果我们用一个清单来开始我们的导语，读者是不可能立即理解清单的含义和重要性；如果我们把解释放在清单的前面，就会有助于读者的理解。

否定式

当我们写一条新闻导语的时候，我们要报道的是“发生了什么”，而绝不是“没有发生什么、” 或者“什么不存在”。通常不能在导语里采用否定式，除非是用来澄清某种并非属实的报道。

比如：这个城市65岁以上的老年人说，他们最担心的不是犯罪，两位社会学家今天指出。

应改为：这个城市65岁以上的老人说，他们最担心的是贫困和赤贫，两位社会学家今天说。

夸张式

从来都不要夸张，如果一篇稿子的新闻性比较弱，想用夸张的手法来抬高新闻的价值，必将适得其反，弄巧成拙，将会使新闻性更弱。实在不行，简单的事实总结也比不负责任的夸张强。

误导式

每一个导语都必须精确真实，不要渲染，不要炒作，避免误导。

导语检验清单

不少学者都曾为如何检验一条导语的好坏开出处方，其主要内容包括：

1、你写的导语是否具体而非抽象；

2、你的导语是否避免了陈述不言而喻的事实或者否定句式；

3、你的导语是否已经强调稿件中最不同凡响的或出人意料的进展；

4、你的导语是否突出了稿件中最令人感兴趣或最重要的进展；

5、你的导语是否强调了稿件的重要性；

6、你的导语句子结构是否完整、语法是否正确；

7、你的导语是否简明而非冗长；

8、你的导语是否避免了只是重现报道题目的标签式导语的写法，这种写法缺乏对说了的内容或做了的事情的关注点关注；

9、你的导语中是否选用了形象、生动的描述性动词，而不是被动语态的动词；

10、你的导语中出现的名字都是非用不可的吗；

11、如果导语中含有一句引语或一段陈述，是否交代了出处；

12、导语是否强调了事件的最新进展；

13、你的导语是否存在夸张的成分、陌生的名称或术语；

14、如果导语里用了两个以上的句子，你能肯定是必须的吗？你是否确认导语已经足够简练或绝对没有重复；

15、最后，你不妨大声朗读你的导语以确认导语清晰简明易懂。

第五节　消息：文越短，看上去越美

写消息是一个记者的基本功，把消息写好是一个记者的基本任务。

新闻的体裁多种多样，但总体上可以分为消息、特写和言论三大类。消息是其中最常见、最基本、最重要的一种。消息是狭义的新闻，是一种以简洁的文字对新近发生的事实的报道或传播，也是传播信息的最好的体裁。但通常它只报道事情的概貌而不讲述详细的经过和细节。

消息分为：详讯、简讯、快讯、一句话新闻和标题新闻等，其特点是，篇幅短小精悍，内容简明扼要，文字干净利落；常有一段导语，开门见山，吸引读者；且通常一事一报，讲究事实说话；更注重时效，报道快速及时；基本表达方法是叙述。有人还按不同的写作形式和特点把消息分为动态消息、经验性消息和综合消息等形式，尽管对于经验性消息一说我不敢苟同，但因为它和综合消息一样，经常出现报端，我还是想和大家一起探讨一下。

动态消息又也称“纯新闻”，是最常见的消息类型，我们通常所说的消息主要是指动态消息。它迅速及时地报道国内外正在发生或新近发生的新闻事实，是反映新事物、新情况、新动向的主要的消息体裁。它有两种不同情形：一种是对刚刚发生的或新近发生的单独事件的报道；另一种是对在较长的一段时间内具有一定持续性变动事件的报道。

经验性消息，有时被成为成就性报道或“歌德”式报道，则是反映某地区、某些企业或某些商务人士，在执行党和国家的路线、方针、政策中和在商务事业发展中所取得的典型经验、成功做法及其显著效果的一种新闻体裁。它是典型报道的一种，目的在于推动全局，指导工作。

经验性消息中经验的选择标准：首先应当具有新闻性，要选取新鲜的、富有特点的经验；要选取针对性强、能解决当前突出的实际问题的经验，选取具有启迪和指导作用的、具有普遍意义的、经过实践检验的比较成熟的典型经验。但要注意的是只能抓最主要的经验，而不能面面俱到。

综合消息是指围绕一个主题思想、从不同侧面概括反映某个事件或问题的全局性情况，或综合报道不同地区、单位具有同类性质又各有特点的多件新闻事实的一种新闻体裁。综合消息不受空间的限制，由多地、多件新闻事实组成，从不同侧面表现共同主题，具有报道面广，声势浩大等特点。

消息的写作总是十分注重时效性的，因为讲求时效，才能给受众留下难忘的“第一印象”；只有讲究时效，才能在日益激烈的新闻竞争中立于不败之地。当然无论如何不能因为时效而牺牲准确，毕竟，报社记者面临的截稿时限的压力不像通讯社记者的时效压力那么大，只要能赶上当天报纸的截稿时间就可以了。即便如此，我们的记者大人们还常常拿出“昨日新闻”来刊登在明天的报纸上。“天啦，实在不可思议！”我经常这样感慨，但这的确是事实。

然而，由于消息一般都很短，一些人不愿意在消息写作上下工夫，瞧不起写消息，认为这种“豆腐块”没有水平。其实，这是一种对消息这一新闻体裁的误读。这种误读如果来自读者尚可理解，但作为职业的新闻工作者，我们如果也持有这种看法，那将是十分危险的，也是不能原谅的。

消息和其他新闻体裁相比，具有新、实、活、短、快等五大特点，也是消息写作的五大要求。可见，消息稿件虽短，但要完全符合这五大要求并不是件很容易的事情。

那么，如何安排消息的结构呢？

重要的是安排好稿件的框架。一篇消息稿件的基本架构是导语——事实——引语——背景——事实。如果像一篇文章可分为开头、正文和结尾三个部分那样，把一篇消息也分成三个部分的话，那么，一篇消息稿件则可分为导语、主体和结尾三个部分。而消息的主体部分则包括事实、引语和背景等。

虽然说写好了导语，稿件完成了一半，但导语毕竟只是一个开端。我们还必须认认真真丝毫不能马虎地处理稿件的剩余部分，以确保作为消息主题的第二段、第三段乃至整篇稿件的自然和流畅。

通常，消息稿件的传统写法是倒金字塔结构。这一形式也称“倒三角”结构，是消息写作中最常用的一种结构方式。它以事实的重要性程度或受众关心程度依次递减的次序，先主后次地安排消息中各项事实内容的位置，犹如倒置的金字塔或倒置的三角形，因而得名。即把最重要的事实放在最前面，次重要的事实放在次重要的地方，依次排列，最不重要的事实放在最后的位置，并在其中适当的地方增加适当的背景、引语和细节。

这样写的好处有二：一方面，读者如果时间有限，从头往后看，总是能把更为重要的先看了，随时停止阅读不会影响对重要事实的了解；另一方面，如果编辑觉得记者的稿件太长，版面有限，就可以轻松地从后面往前面删节，直到版面能够满足为止。如此，确实能使编辑省却很多事情，但这种写法也有其先天不足，因为它并不适用于一些内容非常好的报道，过于标准化，程式化的写作，容易使稿件缺乏多样性，而且处理不好，可能让读者读起来会产生一种越到后面会越没劲的感觉，令稿件显得文采平平，且大有“虎头蛇尾”之嫌；更为关键的是，一不留神，就会掉进标题、导语、主体“三重复”的陷阱。

因此，对消息主体部分的处理还是要下一番工夫的，信手写来要不得。由于消息主体的功能是对的导语的解释和补充，主体的内容必须充实，不仅要有面上的材料，更要有点上的事实；不仅要有具体、形象的细节，更要有权威的抽象的观点。

消息的写法还有另外两种：编年史体和从一般到具体。所谓编年史体，就是按照事情发生的时间先后顺序写报道；事实的开始和结束，就是新闻的开头和结尾。它适用两个前后时间跨度比较小或者有比较完整、曲折的情节或生动细节的新闻事件，多用于非事件性新闻。这种写法行文构思比较方便，可以保持新闻事实比较完整的故事性，也更容易清楚地反映新闻事件原委。但这种平铺直叙的写法容易显平淡或缺乏新鲜感。

而所谓从一般到具体，则是以一般概括性的描述开头，按照一定的逻辑顺序，依次展开细节描述。导语要使读者对情况有个总的了解，而不必先说出消息的具体要点。尤其是当总的情况比消息中的任何一个要素都更加重要的时候，我们采用这种从一般到具体的体裁。

是否使用这样的体裁，关键在于两点：一是是否值得概括，二是文章的具体内容是否能充分说明所作的概括是正确的。

消息的这三种写法，倒金字塔式、时间顺序式和逻辑顺序式，在我看来，跟我们小学学习写记叙文时的三种形式差不多：倒叙、顺序和插叙。

消息的写作应该讲究波澜起伏，曲折有致。无论是导语还是消息的主体部分，写作时都应该时常变换视角，写出多维，既可以将三种写法有机地糅合到一起，也可以采取蒙太奇式的跳跃手法。总之，形式总是为内容服务的，文无定式，一切量体裁衣。

第六节　数字：美丽的陷阱

谈论新闻写作时，我们主要谈的是文字，但也不能不谈数字。许多记者都对数字不大感冒，经常可以听到有记者说“我是个搞文字工作的人，而不是统计人员或会计。”但是，我们必须牢记的是，理解数字与统计并从中挖掘出新闻的能力，对无论采访什么口的记者来说都是极其重要的，商务领域的报道更是离不开数字和统计，商务记者尤其需要用数学技能来理解数字的意义，因为数字有时候比文字更有力量。

自己看懂和理解数字是远远不够的，重要的是要能够以读者可以理解的方式将数字展现在我们的新闻稿件中，就是读者在新闻中读到这些数字时不至于要拿出计数器或铅笔在纸上算一算才能明白记者要表达的意思。

数字虽然看上去很实在、很美丽、很有说服力，但并不是没有缺陷。过多的数字、复杂的数字，会降低读者阅读的兴趣，甚至赶走读者。因为数字越多越烦人，越大越抽象，大的数字就像病毒，可能会让电脑死机。读者遇到这些数字时，就会下意识地努力要把数据转化成比较形象的东西，如果搜索不出来，思维就会“短路”，大脑就会卡壳。难怪有人讲，数字过多无异于毒药。这话是有一定道理的。

既然无法躲过，我们只能面对。如何面对呢？要记住的一条原则就是，一般的报纸读者不是数字专家，所以在稿件中我们必须把数字用得越少越好、用得越简单越好。简单，才会使我们不至于掉进数字这一美丽的陷阱。此外，还要尽量是数字活起来，给数字注入生命，使其多一些形象，少一些抽象。

商务记者应该具备一些基本的财务知识和统计学知识，至少能读懂财务报表：资产负债表、损益表、财务状况变动表和现金流量表以及年度报表等等。商务记者应该能够经常通过查看历年的收支变化而发现新闻。

记者要善于从同一行业或同一地区中的不同企业的相互比较中获取信息。当某个商家关张或倒闭时，记者不但要了解会导致多少人失业，而且要知道这将对当地社区产生什么样的冲击。而为了回答这个比较宏观的问题，记者需要知道该公司是否是当地最大的雇主，是否有其他地方企业提供相同的产品与服务，地方的失业率是多少，等等。商务新闻报道不同于其他领域新闻报道的是，它要求记者具有更好的数学与统计学知识。但是，商务记者却应该在报道中尽量少用数字，因为太多的数字会令报道变得枯燥无味。

因此，一个称职的商务记者必须具一眼就能区分出有意义与无意义的数字，否则，写出的稿件极有可能造成误导、引起读者困惑，甚至完全失真。记者必须培养对数字的敏感，在查看某些数字的时候，能够敏锐发觉数字的意义所在和矛盾之处，并且能够运用基本的算术与统计学知识，自行核实有疑问的数字。商务记者还应该懂得如何运用百分比、比例及其他数字关系，写出比原始资料生动得多的新闻报道。他们应该而且能够通过简化和解读把数字转换成易于为普通读者所理解的新闻语言。

简化数字的目的就是要坚决阻止稿件中出现与内容无关的数字，它意味着只有那些对解释稿件有用的数字才能保留，记者必须培养自己对数字的敏感和判断力，对于那些无助于为稿件增色或是可有可无的数字，一定要像秋风扫落叶一样残酷无情：删除。数字本身的绝对价值没有任何意义，它的真正意义来自于它的相对价值，因此，每每遇到绕不开的数字时，一定要设法揭示数字的相对价值，让读者明白它们的真实意义。下面是一些处理稿件中数字问题的小技巧，灵活运用这些技巧对我们商务新闻写作会大有裨益的。

1、数字应该四舍五入力求简化，用概数取代具体数字，如 250万元要比2，501，989万元直观得多；与此同时，我们还可以用四舍五入的方法，用约数来代替具体数字。一般来讲，读者对这些数字也不要求过去精确，除非专家，没有读者喜欢新闻中充斥过多的数字。

2、用比例代替天文数字，我们应该时刻记着的是：没有比较的数字，是苍白无力的数字。如中国有约数亿人抽烟，可写成：在中国，每三个成年人中就有一个人抽烟；我们可以用百分数或分数来比较，我们还可以用文字代替数字，如大约一半、大多数、压倒多数等分别代替50.12%、65%和94%。

3、提供一个参照对象，让数字更形象，更直观。比如说，24，000平方米对于读者来说是一个没有任何意义的数字，但如果你这样表述：24，000平方米，相当于6个足球场那么大或者大约跟天安门广场一样大，读者就会有一个清晰的印象；再如与其对国内读者说新加坡面积有699.4平方公里，还不如直接告诉读者说，新加坡面积相当于北京门头沟区的一半那么大（门头沟区的面积为1455平方公里）。

4、换一个说法，用一个更加容易被人理解的概念来表述。比如，在英国，现在每年的死亡人员中有27.6%的人是死于心脏病。这样的说法，既空泛又不人道，如果我们改成：在英国，每4分钟就有一人死于心脏病，效果比原来明显增强了。再比如说每年全世界有近10万人死于肺癌，记者可以在稿件中指出这个数字相当于每天都有一架大型客机坠毁。

1994年，新中国成立45周年前夕，新华社对外部曾播发一条国庆稿，这篇稿件运用了大量的数字，展示了“中国一日”的形象。下面我们一起来看看这篇稿件：

中国一日：数字与希望

新华社北京（1994年）9月20日电（记者薛建华 胡创伟）一年365天，中国一日知何似？研读中国经济运行最新情况通报，你会发现串串生动鲜明而又令人惊讶的数字：

每天，中国人要消费近6000万公斤猪肉、1000多万公斤食油和7.5亿公斤粮食。如此巨大的“胃口”足以令任何政治家挠头，而中国的粮油市场却多年保持稳定。

许多外国经济专家说，中国是世界上仅存的最大市场。仅仅是一天，中国人就会买下近6万台电视机、12万只手表；仅仅是一天，中国城乡就会开通电话1万多门，销售绸缎200多万米。每天，中国人的消费总额超过30亿元人民币，每天存入银行的还有8.8亿元人民币，而这些数字几乎天天还在被刷新。

海外游客形容今天的中国是“站在脚手架上的国家”：每天，中国城镇就新增住宅73万平方米；农村新增住宅156万平方米。每天，中国各种交通运输工具要运送旅客1800万人次，相当于瑞典、芬兰、挪威和冰岛四国人口的总和；今年夏天，中国仅仅是铁路就承运旅客2亿多人次。

平均一天，中国有6000多万册杂志出版，邮寄函件1500多万份；平均一天，中国要发行报纸5000多万份，而这约需要400辆中型货运汽车方能装载。

改革开放给中国带来了巨大的变化。现在，中国每天实际利用外资近1亿美元，融资规模仅次于美国而居世界第二位。15年来，中国协议利用外资累计已达2400多亿美元。

如今中国许多重要工业品一天的产量，已远远超过45年前旧中国一年的产量。如：日产钢24万吨，是1949年全年产量的1.5倍；日产原油近40万吨，是1949年全年产量的3倍多。现在中国每5天创造的国民收入，就相当于1949年1年的国民收入。

中国一直是世界上人口最多的国家，全国人口现已达到11.7亿人。如今，每天有近6万人出生，1年就新增人口1600多万人，比澳大利亚的总人口还要多。

去年，中国每天创造的国民生产总值近86亿元人民币，据国际货币基金组织统计，已居于世界各国前列。可是，按人均计算，中国仍然属于较落后的发展中国家。

崛起与沉重同步，希望与困顿同在。中国目前尚有8000万贫困人口，但用7年即2500天消灭贫困的“扶贫攻坚计划”正在加紧实施中。

联合国人口问题专家曾把“中国现象”称为“奇迹中的奇迹”，因为，中国毕竟以只占世界7%的耕地，养活了占世界22%的人口。

这篇稿件数字很多，但由于处理得比较好，读起来并不让人有累的感觉。

总之，商务新闻中，数字是躲不开的，但一定要谨慎选择数字，细心运用数字，形象生动地解读好数字，为枯燥无味的数字注入生命的活力！

第七节　引语和背景的运用

一、引语

新闻报道主要通过记者的语言来叙述，但也会包括其他人的话，即引语。如果将人物直接说的话运用得当，引语可以使新闻生动有力。用非常有力量的精彩引语做导语，可以让读者对报导中的事情有一种亲近感，从而产生更大的兴趣。

1、引语的三种形式：

第一，直接引语。所谓直接引语，就是指：在引号内的，原文引用别人说的话或写的文字。例如，他说："目前的形势，已经让我们忍无可忍，我们必须立即采取行动，我们已经决定，我们别无选择，我们只能在午夜时分，正式宣布开战！"

直接引语至少要有一句话，而且必须是原话。当一个人所说的话基本值得复述时，记者就可以用直接引语。

第二，间接引语。不是原文引用，但意思非常接近原文，间接引语又有两种形式：一种是使用引号的部分引语，部分引语大多用于文字报道中——当引用整句话会导致困惑或太冗长时，记者可以引用原话的一个词或短语，记者有责任将部分引语放在上下文中，使原意不会改变；另一种间接引语是指不用引号的引语。间接引语能让编辑在处理稿件的时候，随意删减，但不至于离题太远。

第三，转述引语。不再和"原话"纠缠在一起，你可以用你自己的语言去表达"原话"背后的意思，这对我们把较长的书面语和口语编辑和处理成简短的文字很有帮助。

就采访而言，显然不是被采访者的每一句话都值得引用，但是，应该如何选择直接引语呢？办法很简单：如果你用自己的话可以表达得更好，就用自己的话，而不要用引语。每一篇稿件都应该有一定数量的直接引语，但量不宜过大，尤其仅仅是表明基本信息、陈述基本事实的语言，特别是官僚语言，要避免使用直接引语。

比如：指挥部副指挥长某某说："哈大客专（哈尔滨-大连客运专线，编者注）建成后，全长将有279公里，全线将有桥梁750座，年运送旅客3000万人。"这里就根本没有必要用直接引语。

但是，这样的句子是可以接受的：他说："我刚到公司的时候，5个人一个星期才能完成一个版的任务，现在一个人加一个机器几分钟就可以搞定这些。"

2、引语的作用

——变化节奏。一个鲜明有力的引语用在段与段之间，可以改变文章的节奏，就像古典音乐里舒缓的乐曲中突然来一段暴风骤雨般的高亢激昂的旋律，能把观众从昏昏欲睡中唤醒，从而使其注意力再次集中；

——引起重视。一些不同凡响、趣味盎然、激动人心或者其他惊人之语，值得读者给予特别的关注。

——衬托人物。引语还可以用来作为突出故事中提及的人物性格的一种手段。毕竟，一个人的话，可以体现其许多内心的世界。观言察色，可知其人也。有时候，一句引语胜过作者百字的描述。

——保护记者。当引语可能涉及争议、侵权甚至有诽谤之嫌的时候，一定要用直接引语，让读者一看就明白这话是原话的引用，这对记者自己是一个很好的自我保护。

3、引语的使用

引语必须注明出处，以便让人们知道谁是说话人，而且要交代说话者的资历，使读者感到说话者的权威程度和可信度。

自然、得体、贴切的引语，不仅可以使稿件文字清新、流畅，还可以拉进读者与作者、读者与新闻人物之间的心理和情感上的距离。

但是，一篇稿件中直接引语不宜过多使用，使用太多，不仅会降低直接引语的影响力，而且容易培养记者的懒惰，更主要的是稿件读起来会让人产生疲劳感。此外，当表现论述的时候，最好用清晰的解释性引语。

我们大家必须要牢记的是：一般来说，导语中千万不要随意使用直接引语，除非这个引语太有个性，而且特短。如："美国已经交战。"总统今天用这6个字告诉世界不可思议的事情终于发生。

最好不要出现引语之中还有引语的情况。例如：

他说："中国改革开放总设计师邓小平说过，'发展才是硬道理。'"

这样的句子在新闻中最好不要出现，应该改为：

他援引中国改革开放总设计师邓小平的话说："发展才是硬道理。"

直接引语，越短越有力量！一般来讲，一两句简短的话是直接引语的理想长度，然后再用一两段的内容解释、叙述或过渡一下，才可以用第二个直接引语。

那么怎样的直接引语才算好的引语呢？被访者或说话人的话语有特别的意义或能给读者以强烈的刺激，而且与故事有直接关联。这些话或许包含着严肃的信息，或者非常幽默。其实，最重要的是，引语应带有说话人的特点，为报导增添卓见。使用说话人有色彩的语言，反映出个人的经历或专业知识背景。

一个有益的提示是，引语要有激情。引用那些听起来诚恳真切的话，不要引用好像是照本宣科的话；引用那些特点鲜明、富有个性的话，不要引用那些毫无生机、了无新意的空话套话；引用那些铿锵有力、掷地有声的话，不要引用那些不疼不痒、油腔滑调的话。一句话：只引用鲜明有力、富有个性的话。

二、背景的运用

新闻背景，又称"新闻背后的新闻"，是指新闻事件发生时的具体情况，如环境、原因、事件的意义和主客观条件等，背景是一篇消息的有机组成部分，是补充、反衬或烘托新闻事实和新闻主题的重要材料。新闻背景的分类：历史背景、地理背景、人物背景、事物背景、知识背景、社会背景、文化背景，甚至还有政治背景、宗教背景等。

背景的三层意义

——记者的知识库房。记者应该是个有心的读者，一有空，就应该大量阅读相关的书籍报刊，并时常去听一些大学或社会上举办的讲座，建立自己的知识库房。要完成一个具体的采访，背景知识需要长期的积累或迅速获得，没有一定的背景知识，一个记者的采访就可能变得漫无目的。

——稿件中用来解释事件、跟踪进展和增加消息来源没有提供的事实的材料。没有这样的背景材料，故事就全显得过于单薄。

消息来源希望不要说出来源的材料，它也许可以用，也许不可以用，要根据消息来源的意愿确定。

背景有时是一则新闻不可缺少的一部分，但不是所有新闻都需要交代背景材料。背景交代是新闻写作的一项基本要求，巧妙地运用好背景，不仅可以让新闻大为增色，而且可以令新闻价值倍增。

一段背景的交代，一方面有助于解读新闻事件，帮助读者更好理解和准确接受新闻传递的信息；另一方面有益于读者更好更充分地理解新闻的价值所在。尤其对一些专业性强的经济、科技和军事新闻来讲，背景交代不但可以更好地体现新闻的价值，而且可以提供读者可能缺乏的知识，增强新闻的可读性。

一般来说，新闻背景的作用主要有如下几种：深化主题，揭示意义；提供解释、帮助理解；传播知识，开阔视野；传达思想、表明观点。

显示新闻价值，是背景运用的目的。运用背景资料时，一定不能为了运用而运用，有些消息有些时候是不需要背景的。为此，要注意背景运用的以下三原则：

——服务主题。交代背景的目的是为表达新闻事实服务的，使新闻变得更加容易理解，新闻价值更加凸显，稿件主题更加突出。是否需要交代背景要视消息类型不同而区别对待，也要因时因地因读者对象制宜，关键是要服从新闻主题表达的需要，如果需要，则必须交代。

否则，背景就是多余的。

背景的运用，一般有以下特点：

——简明扼要。背景材料一般不宜过长，通常不能超过主体部分，以免主次不分，喧宾夺主。背景交代是否恰到好处的关键在于：不需背景时绝不画蛇添足，但该交代时则必须交代。虽然背景材料不在多寡，交代清楚就好，但还是要尽量的简短、明了而又准确。

——轻松灵活。背景的写法可以更轻松些，更生动活泼些，以激发读者的阅读欲望。此外，灵活则是指新闻背景在稿件中的具体位置：新闻背景不是独立的结构部分，因此，没有固定的位置，背景交代的位置一定要恰当而且灵活，往往自由穿插于消息的主体之中，既不能与新闻事实相隔过远，又不能过于死板，缺乏变化；既可以在导语前后或文尾，又可以与现场描写相结合，还可以出现在稿件中的任何一个地方；通常是既要做到新闻与背景的自然衔接，又要避免新闻背景整段整段地堆砌。

下面是记者在中国获准加入世界贸易组织时发自卡塔尔首都多哈的一篇特写，其中运用了大量的背景，而且可以看出对这些背景的处理还是下了一番工夫的。这就是记者力图通过将背景交代与现场描写相结合，比较巧妙地实现背景与新闻主体间有机的穿插结合，从而使背景和现场描述看上去能有种水乳交融、浑然天成的效果：

掌声，在多哈响起

——多哈会议通过中国入世决定纪实

11月10日，卡塔尔首都多哈，喜来登饭店一楼的萨尔瓦大厅灯火辉煌。世贸组织第四次部长级会议正在这里审议中国加入世贸组织问题。

当地时间18时35分（北京时间10日23时35分），当会议主席，卡塔尔财政、经济贸易大臣卡迈尔敲起手中的木槌时，近千名与会代表全体起立，热烈鼓掌……

掌声中，凝聚着中国代表团15年心血与汗水的《关于中国加入世贸组织的决定》获得通过。

掌声中，与国际货币基金组织、世界银行并称当今世界经济“三大支柱”的世界贸易组织向中国敞开了大门。

18时25分，卡迈尔宣布大会转入审议中国加入世贸组织问题的议题，并就相关程序作了简要说明。

随后，世贸组织中国工作组主席、瑞士驻世贸组织大使吉拉德向大会报告工作组工作，并提交了《中国加入世贸组织议定书（草案）》和世贸组织工作组第18次会议近两个月前为这次会议代拟的《关于中国加入世贸组织的决定（草案）》，提请大会审议和通过。

头发花白的资深外交官吉拉德，带着一副金边眼镜，镜片后面，透着一种敏锐有时甚至是深不可测的目光。在他担任中国工作组主席的15年间，工作组一共举行了37次会议，其中35次是在这种中国代表团成员最为熟悉不过的目光下进行的。

今天，当他端坐主席台、最后一次履行中国工作组主席的职责时，其内心的复杂程度外人也许难以揣测。

关于中国加入世贸组织的决定，按惯例无需表决，而是以协商一致的方式通过的。

《决定》通过后，中国政府代表团团长、外经贸部部长石广生应会议主席卡迈尔的邀请，在外经贸部国际司副司长张向晨的引导下，走上主席台，用汉语、英语和法语三种语言发言，对会议决定接纳中国加入世贸组织表示感谢，并重申中国加入世贸组织的立场，表明中国对启动新一轮谈判的态度。

石广生仅有10分钟的发言，不时地被掌声打断。

这掌声，表达了对先后参加了200多轮双边谈判的中国代表团的100多名新老成员的感谢；这掌声，送给了一直关注和支持中国复关和加入世贸组织的历任总干事邓克尔、萨瑟兰、鲁杰罗和穆尔，送给了15年来一直担任中国工作组主席的吉拉德，送给了长期以来为中国复关和加入世贸组织提供过支持和帮助的所有朋友。

这掌声，更是对中国全面参加经济全球化进程的喝彩！

第八节　特写：魔鬼在细节

新闻特写就是截取新闻事实的横断面，即抓住富有典型意义的某个空间和时间，通过一个片断、一个场面、一个镜头、对事件或人物、景物做出形象化的报道的一种有现场感的生动活泼的新闻体裁。它和通讯等稿件一样，主要是对新闻事件、人物和各种见闻的比较详尽而生动的报道。不仅交代什么事，而且交代事情的来龙去脉，以及情节、细节和有关环境气氛。

一、特写的特点

大多数稿件都是关于最近发生的事实的报道：一次会议，一起犯罪案件，一场火灾，一起事故，一场贸易战等等。但正如我们所知，新闻同时还报道那些重要的、地方的和不寻常的事情，因为这些事情也与人们的生活密切相关。

特写就是一种倾向于提供那些能够娱乐和娱悦读者的有趣事实的新闻报道形式，因为其倾向性，特写又被称作人类兴趣报道。这类报道不仅深受杂志欢迎，也深受报纸读者的欢迎。尽管与一般的即时新闻相比，其题目可能更加陈旧，也没有了那么重要，与读者的关联度似乎也大为降低，但它们却因为趣味性而赢得了读者市场。

特写与其说能够启迪读者的智慧，不如说能够点燃他们的激情。这是特写写作的动力的源泉，也是特写写作的目的所在。

特写与消息的最大区别在于，消息报道的是事实，而特写则是进一步描述。所有成功的特写都有一个共同的特点，这就是他们都具有一个明确的文体。

特写与即时新闻也有两个共同点：事实和原创。这两点必须引起我们的高度注意。

第一，特写不是一种虚构的形式，它必须如实报道，像消息一样，特写必须尊重事实，必须是客观的，因为它们既不是论文，也不是评论。

第二，记者不得根据已经出版或发表的材料综合或改写出一篇特写，他们必须自己为写作而采访。因为任何一家报纸都不希望发表一篇读者几个月前就已读过的事实。

从特点上讲，特写更加强调新颖、有趣的事实细节。魔鬼在细节，特写的全部魅力也是在细节。

没有一成不变的特写写作公式。不像消息写作那样，记者必须使用倒金字塔的手法，但特写的写作确实有着自身的规律，如它们对主题的挖掘更深，更加强调丰富多彩的细节描述，趣闻轶事和精彩引语。

特写的文体是多种多样的，像我们通常所说的通讯、纪实、纪事、纪行、侧记、散记、巡礼、速写等，都应该属于这类体裁，但有人按文体把它分为两大类：时钟沙漏型与钻石型。

不管是哪一种文体，特写的写作都有明确的开头、正文和结尾三个部分。一开头是说明文章要写什么，给稿件全文定下基调和气氛，正文部分就是展开主题，逐步推进，结尾部分则是或高度概括主题，或对故事发展的结果作出结论。

多数人喜欢运用戏剧型结构来构思和写作，因为它一开始就能引起读者的兴趣，然后以相关的对话和情节从容将剧情展示出来，直到出现高潮。

高潮到来之时，各种人物纷纷登场后，再把情节慢慢收拢。这样的时候就是一篇应该收笔的时候了。

二、特写的分类：

要写出一篇好的特写，关键的一步是一开始就能找到一个好的标题。理想地讲，所有的标题都应该是鲜活、有声有色、富有戏剧性和令人感兴趣的。当然，你可以就已经报道的一个话题写一篇特写，但你必须从一个新的视野出发、寻找一个崭新的角度和新的进展。

要寻找一个好的特写标题，我们只需要保持好奇和留意观察。因为在我们的身边，在我们的社区，在我们的城市，许许多多有趣的事情在悄悄发生，一些人司空见惯、熟视无睹，有心人总是对一切都充满好奇心，他们善于发问、善于观察，因此他们总是比别人敏感，总是能够更加容易地找到好的写作题目。

我在讲新闻采访时曾经讲过，特写包括新闻特写和特稿两种。其中新闻特写是指事件性新闻特写和人物新闻特写。新闻特写和消息一样具有较强的时效性，而特稿的时效性则相对较弱。除新闻特写以外的特写其实就是我们日常所说的特稿。

一般来讲，我们首先找到的是一个大致的标题和大体的写作方向，而不是后来真正写作时用的标题。我们找到大致的题目后，也许可以通过突出一个个人、一个主题或一个片段先把它限制到一个可控的范围之内。比如一篇人物特写，我们可以只是讨论一个人物性格或生活的一个方面——一段经历、一个成就、一种个性。如果我们不限定题目的范围，稿件就会太长，杂乱和流于表面，文章就会没有思想，没有中心，让人读起来，一头雾水，不知所云。

我们为特稿搜集材料的时候，通常要采访很多人，至少6到8人，以得到更多关于主题的细节和描述。一个优秀的记者在采访时搜集的材料总是要比实际要用的多出2到3倍。

事件性特写

事件性特写可以描述一个重大的富有历史意义的事件，也可以是描述一件日常生活或工作中的、能够激起读者阅读兴趣的小事。

也有人把事件性特写称作现场报道或现场目击，国内不少人喜欢叫侧记。

人物特写

人物特写描述令人充满兴趣的人，他们因为自己丰富多彩的性格，也许刚刚战胜灾难、追求超乎寻常的人生、取得非凡卓越的成就或者成了家喻户晓的名人。

人物特写，不仅仅是简单地列出人物个人的重大成就或其一生中的重要日子，而是要展示人物的性格和人物的内心世界。要得到必要的信息，特写作者通常要花时间去观察主人公的工作学习和生活状况，采访他们的家人、亲属、朋友以及生意上的合作伙伴、甚至他们的敌人。

一篇完整的人物特写当然包括对主人公的描述和引语。优秀的特写作品总是引人入胜的，让读者读后感觉是和一个似曾相识的人进行了一场谈话。

每一个成功商人的背后，都有一段精彩的故事。商人的人生本身就是一本书，一本极富传奇色彩的传记，我们的记者应该努力走近他们，和他们多交心，挖掘他们身上令读者感兴趣的一切可以见诸报端的故事。

纪念特写

纪念特写，又称历史特写，主要是为纪念重大历史事件而采写的，像三八妇女节、五四青年节、六一儿童节、七一党的生日、七七卢沟桥事变、八一建军节、九一八事件、十一国庆节等等。值得一提的是中国入世纪念日。全国性的和地方性的一些展会、节庆中，比较成熟的都有固定的时间，每每这些节庆或展会来临之前，都是可以大做文章的，而不是等到开幕之后，发一消息了事。

报纸通常也刊登一些名人诞辰或逝世的周年纪念文章，如果发生自然灾害，报纸会组织撰写历史上同类自然灾害的特写文章，贸易战爆发时，我们也会组织历史上双方贸易战情况的特写稿件。

一个优秀的从事特稿采访的记者，总是通过对档案的理解和对健在的当事人的采访，掌握大量材料，一旦到了时候，特写稿件就会适时出手。

历险特写

历险特写主要是描述不同凡响和激动人心的经历——也许是空难幸存者、登山冒险者或环球航海者的航海奇遇经历，当然也可以是一个商人他国经商的特别奇遇。

节庆特写

每逢重大节假日来临的时候，编辑部会常常要求记者采写一些应景特写，如春节、端午节、中秋节、清明节、甚至农历二十四节气、这类稿件很难写，难就难在被写烂了，很难找出新的角度，更难写出新意，但还是得写，而且得写好，所以无论多难，必须找到新的角度。从商务的角度写，就有取之不尽的角度、用之不竭的素材哟。

解读特写

解读特写又称解释性特写。这类特写试图提供更加细腻的描述或就正在发生的新闻提供更多细节的诠释。解读特写可以审视一个具体的组织或团体及其活动、趋势或者想法。比如，一条新闻描述了恐怖组织的一次行动，此时，就可以而且需要配发一条解读性特写来揭示这些恐怖分子的身份、伎俩和目标。

每天大量的新闻给其他成千上万条解读性特写提供了灵感，只要我们发挥这些灵感，抓住机会，做好文章，我们就会写出大量广受欢迎的解读特写。

指南特写

指南特写主要是教人们如何处理日常生活中的一些小事情的小窍门，如购房、就业、栽花、修车和家教甚至处理夫妻关系。这类特写往往不长，但很难写：缺乏经验的人写出来后就像说教或者像我的讲座一样，枯燥无味：——只展示自己的观点，而不去讨教专家或提供更加详尽的、实际的服务。

三、特写的写作

1、导言的写作

特写的导语和消息的导语不同，消息的导语一般是指消息的第一段，通常只有一两句话，而特写的导语则是不一定是第一段，它通常可能是前两段、甚至前三段。严格地说在特写中，稿件的开始部分不应叫导语，而应该叫导言，以示与消息中导语的不同，尽管它们所起的作用是完全相同的。英文中，消息的开头叫lead，而特写的开头则叫intro，而我们长期以来则一直没有注意到二者的区别，而把它们统统叫做导语，这显然是不够严谨的，也容易引起人们对导语本身理解出现歧异。因此，我还是认为特写的开头应叫导言为好，这样有利于大家对消息导语和特称导言形式上的区别。

高尔基讲过这样一句话：最难的开头，就是第一句。开头是整篇稿件基调。好的导言引人入胜，让读者难以拒绝，不得不读；相反，一个拙劣的开头，就像瘟疫，吓跑读者。

导言当然还可以形式来分类，但这样划分出来的种类更加复杂繁多。下面，我想给大家介绍一些常见的导言类型，但要说明的是，死记硬背这些导言的类型是不明智的，也是徒劳无益的。关键是在实践中灵活地尝试和运用。

问题式导言

所谓问题式导言，就是用一个问句作为导言。例如：

大使的狗是否也享有外交豁免权呢？（美联社）

问题式导言适合于特写或背景性新闻。记者写这种导言的目的是，试图以提问的形式让读者介入到关键性的争端中去。但是这种导言成功的关键就是在于问题必须十分精彩，如果问题本身平淡无奇、索然五味，倒还不如老老实实地用陈述式导言为好。

此外，这类导言的后面必须紧跟一段解释。如：

中国人怎么把椅子做到这么好？想找答案，你得去长江三角洲的一片村镇。

——美国《时代周刊》

引语式导言

和问题式导言一样，除非引语能够让人读后拍案叫绝，否则宁可不用。例如：

“不要开枪，我是伊拉克总统萨达姆·侯赛因。”萨达姆在美军抓捕他时大声呼叫。

—— 2003年12月22日美国《新闻周刊》

再如：

当穆铁柱在东京新建的大谷饭店休息厅漫步时，一位女游客见了吓了一大跳。“啃！他是干什么的？是谁的保镖吗？”

——合众国际社东京1978年4月5日电：世界上最高的篮球选手

精心选择的一个直接引语可以吸引读者眼球，让读者继续往下读，而且能一下子把读者引到关键的内容上去。不过，需要明确的是，这类导言是眼下被用得最滥的一种，不要以为这种引语导言是一种最为省力气的方法，因为这种导言除需要精彩的引语外，还有其自身的缺点，那就是读者不能够立即明白这话是谁说的。为了尽快消除读者的疑问，接下来的一段应该给予解释。

对话式导言

用新闻人物的对话开头，以统帅全篇。这类导言有助于打破稿件开头的常规，而且对阐明观点十分有效，但是接下来往往需要好几个段落才能展示其他事实。

对比式导言

用两个相关而又截然相反的事实同时出现在稿件的开头。这种导言的对比必须强烈才有意义。例如，法新社2008年12月25日自中国上海发出一条新闻，题目是：被人遗忘的中国鞋成为欧洲香饽饽。稿件的开头几段是这样写的：

一些曾在毛泽东时代辉煌一时的老式中国鞋在中国已被人遗忘，但在欧洲却焕发了第二春。

“飞跃”鞋诞生于上世纪20年代至30年代间，在上世纪50年代才在中国真正流行起来。如今新版“飞跃”鞋成为欧洲大陆的宠儿，其中一款还与奢侈品牌Celine合作开发。

“飞跃”在中文中有“腾飞”和“跳跃”两个意思。最早它并非是一个品牌，而是一种款式，当时许多厂商都生产这种带有红蓝两杠的明星级运动鞋。

在今天的中国，“飞跃”已不再受宠。中国的年轻人更喜欢著名的外国品牌运动鞋。

顺便提一句，这篇稿件选在毛泽东诞辰纪念日的前一天播发，恐怕不是偶然的，足见记者是个有心人。

场景式导言

这种导言又称描述性导言。这种场景的描写是以人的视觉、听觉、嗅觉味觉和触觉来描述的，只有当这种描述能给消息的后部分增添气氛时，才使用这样的导语。这种导言特别适合于现场新闻报道或特写、侧记等体裁的稿件。例如：

花色鲜艳的衬衫和裙子隐退了，吃着雪糕在街头闲逛的情侣、坐在街灯下打扑克的老人不见了。冬天已悄然来到北京。

——合众国际社北京1980年1月12日电：北京的冬天

轶事式导言

以真实的故事或趣闻轶事形式激发读者阅读兴趣的导言，例如：

她于10多年前，曾获长春市劳动模范称号。之后，又走过了下岗、谋生的路程，而今成了致富女状元。但无论如何，她心里总是放不下那些和自己一样的下岗职工。两年多的时间，有200多名下岗职工奔她来“找口饭吃”或跟她学会谋生本领后，找到了新的就业门路。

——中国食品报：从劳模到就业明星

典故式导言

与轶事式导言极为相似，但主要是把历史和文学上的著名掌故同新闻事件联系起来。例如：

本报西安1999年9月6日电（记者姜书范 朱海燕 通讯员符勇）被诗人李白称为“黄鹤之飞尚不得过，猿猱欲度愁攀援”的秦岭，今天打开山门，任春风横渡。这个逞强了万千年的“天下大阻”终于屈服了，仿佛成为铁路建设者脚下的“袖珍盘景”。

——中国铁道建筑报：今天，秦岭开启山门

谚语式导言

运用为人熟知的谚语或格言来烘托新闻事实的导言，称为谚语式导言。例如：

“山中无老虎，猴子称大王。”当乡镇企业在中国广袤的田野上崛起时，杭州万向节总厂厂长鲁冠球，曾说过这样一句话。

如今，中央再三强调要搞活大中型企业，并出台了响应的政策，各大中型企业摩拳擦掌。“老虎要出山了！”那么此时，猴子又是如何呢？

——1992年中国乡镇企业报：鲁冠球笑谈“猴子”与“老虎”

断奏式导言

这种导言又称为不连贯的导言。例如：

国旗降下来了，机密文件销毁了，沙袋堆起来了。大部分留守巴格达的外国使馆工作人员准备在美国发起进攻前撤离。

——路透社巴格达2003年3月11日电：驻伊使馆人去楼空

一道刺眼的闪电。一阵山崩地裂的轰鸣。乱石翻飞，楼房倒塌，接着就是死亡……

简短的句子一句接着一句，甚至只是词组一个接着一个。比较理想的写法是，这种类型的第一段应该有节奏，从而形成了一种氛围。这种导言跟场景式导言看上去没有什么区别，只是场景式导语未必都是简短的句子且句式不一定具有跳跃性。

总之，导言的类型与写作方法变化无穷，值得研究。

可以是综述性的导言，也可以是引人入胜的引语、妙趣横生的轶事、发人深省的问题，还可以是栩栩如生的动作，骇世惊俗的故事，也可以是一个场景的描述，把读者的眼光聚焦到一个特定的范围等等。

2、结尾的写作

采用传统的倒金字塔方式写稿，不用太多的考虑如何结尾，但特写的结尾和开端一样重要，不仅因为一个好的开端需要一个好的结尾，而且因为一个好的强有力的结尾能够给读者在读完一篇特写后留下最后的印象。因此，记者最好在动笔之前决定如何开头的时候，就要对结尾有所构思，否则，稿件就会像一个漫无目的的流浪汉一样，四处乱窜，找不到归宿。

结尾的方式有很多种。明确的概括、最有力的论点、根据论证得出的结论，记者自己观察的结果等。结尾的笔调可以是严肃、也可以是轻松的，还可以是诙谐的，但最主要的是给读者留下一个强烈而深刻的印象。

就像我们小学时就学过的作文那样，作文的结尾有三种方式：呼应型、展望型和开放型。特写的结尾方式主要也是这三种方式。

1）呼应型：所谓呼应型，就是首尾呼应、前后呼应，即重新回到开始提到的重要地点与人物。在基于时间顺序的叙述中，结尾是最后发生的事。如果前面提出了一个问题，那么结尾就可能提供答案。我们可以在稿件快要结束时通过回应、重复或再现故事中出现的一个镜头、能够体现稿件中心思想的一句话或者稿件中描述过的一个情节；或者直接点明主题，使读者感到头绪清楚，对文章有一完整的整体印象。

2）展望型：所谓展望型，就是在文章结尾时，对故事未来的发展做一个简单的想象和展望。在故事的主体中我们通常浓墨重彩所着力描绘的往往是那些正在发生的事情，而不是将要可能发生的事情，因为未来之所以是未来，在于它的未知性。但这种未知性如果用来作为特写的结尾，恰恰是最自然不过的了，而且能给读者带来想象。

3）开放型：所谓开放型，就是在文章的结尾，对故事发展的走向、结果或对故事的评论不做任何结论性的表述，留给读者去思考，或者是出人意料地向读者介绍一种完全崭新的故事元素，瞬间延伸读者的视野，给读者留下想象的空间，让人读后回味无穷，意犹未尽。

有时候，新闻故事以强有力的引语作为结尾。但适合用这种结尾的情形简直是少之又少，除非引语极其有力量、非常到位，添加任何笔墨都有失效力甚至是画蛇添足，否则应该慎而用之。

四、特写的检验：检验特写十二问

上个世纪八十年代中期，英国汤姆森基金会和中国官方通讯社新华社合办了新华通讯社—汤姆森基金会国际新闻培训中心。培训中心自1985年3月开办，为国内相关新闻单位培训了一大批新闻工作者（这个班后来因故未能继续办下去）根据中心的培训教材，新华出版社与汤姆森基金会出版了一本《新闻写作基础知识》。这本薄薄的小册子为如何检验一篇特写是否成功开列了一个包括十二个问题的清单。虽然时隔20多年，书中一些内容显然已经过时，但我认为，至少关于检验特写的这12个问题的清单，至今仍然基本适应：

1、文章能从头到尾都吸引读者吗？

2、每个词、每句话、每个段落都贴切吗？

3、每词每句每段都达到目的了吗？

4、这篇特写是否把情况全面地告诉了读者？还是让读者不忍卒读？

5、文章是否与人们有联系、人们能否把自己与你所写的相联系？他们能不能感到、看到、听到、闻到和尝到你所写的内容？

6、你拥有的读者能理解吗？数字、统计和技术问题是很难用文字表达清楚的。你和专家们也许懂得你所写的内容，但一般读者能懂吗？

7、文章流畅、语言通顺吗？

8、段落衔接如何？

9、结尾是否有力地表达了你的意思？

10、人们会否记住这篇特写、理解它、欣赏它以及因此把你当成作者而尊重你？

11、它是否真实？

12、它是不是你所写得最好的稿子？

如果上述问题中有一个答案是否定的，那么就应该改写，直到自己对每一个问题的答案都是肯定的。

第九节　人物专访：写出真正的人

中国有一句古话：知人知面不知心。每个人都有两面性——一面是给外界看的，一面是真正的自我。

人的本性总是充满耐人寻味的东西。我们可以这样说，表里如一的人是少之又少的，每个人都会用尽心思在公众面前树立形象，想方设法使自己显得更加平易见人、和蔼可亲。

写人物特写的人一定要首先以某个重要的或令人感兴趣的人物为基础，当然，不一定要采访著名人物或眼下的风云人物。

人物特写不能是片面的，不能只采访一个人的一面之词而不采访相反的看法，也不应该仅仅是一份历史记录或传记。

这样做的目的是为了展示主人公的特点，要写出人物的性格，用事实和别人甚至敌人的看法写出一个真正的有血有肉、有情有义或者无情无义的人，而不是通常媒体中报道的那些表面化、概念化或艺术化了所谓典型人物。那些人活在另外一个世界——一个不同于我们这些凡夫俗子所在的物质世界的世界：精神世界。

文章的第一点就是要真诚，要符合事实，不能有任何恶意，毫无疑问，要给主人公足够的自我表白的空间，但必须把握平衡，必须给一些人以机会：发表反面意见和不同观点的机会。

人物特写的写作开始前，必须做好充分的调研，到报社的资料室去找剪报、电脑里去查资料，除了采访主人公外，如果时间允许，还可以去采访主人公的熟人、朋友、同事甚至仇人，要掌握必不可少的细节。

采访中，要注意的是不要把提问集中在过去的、属于历史的背景材料上，而是要注意挖掘内在的目的、动机和抱负。

写人物特写，首先要吸引读者。导语不可能也不允许和写消息时的导语一样，因为消息导语要求以主要事实为主，而人物特写中，最强有力的句子可能会在第四、第五段后才作为姗姗来迟的导语出现，或者在文章的结尾才出现，好比画龙点睛。

实际上，可能并没有什么很带劲的事实，理想的办法是写一段，议一段，夹叙夹议，把观察、描写、评论、事实和观点全都糅合在一起的生动文章，如果必要的话，再加上一些诸如幽默或悲伤的情调。

事实，只有必不可少的事实，才能真正使特写具有理性和深度，但事实要加以过滤和选择，同时表现事实的手法也要灵活多变。比如说，与其说“他今年50岁了”，还不如说，“三十年前，他刚进城时，还是一个二十来岁的毛头小伙子。”

内容当然少不了细节的描写：服饰、外貌、言谈举止和室内陈设。

说明一个人的性格的另一个办法是引用他自己的讲话，关键不是他讲了多少的话，而是他是怎样讲的。因此，直接引语是写好人物特写不可或缺的一环。

总之，一篇人物特写，应该努力避免不经加工的历史罗列，它应该让读者通过稿件认识一个活生生的男人或女人。

要使人物特写稿件能够激起人们阅读的兴趣，给读者带来愉悦感，稿件应该能够尽量回答以下问题：

1、主人公一生中最春风得意最失意的时候分别什么时候或什么事情？

2、什么事情什么人或什么环境，能够使主人公气愤、悲伤、幸福或惧怕？

3、主人公什么样情况下哭什么样情况下笑？

4、主人公的孩提时代有哪些重要有趣的记忆？儿童时代的哪些经历对主人公今天的状态有着根深蒂固的影响——成功、失败、信仰、思想、性格、人品等等？

5、主人公有哪些为人称道的优秀性格和品质？

6、主人公最糟糕的错误有哪些？列出一个清单来。

7、主人公的周围成天都充满了哪些物质诱惑？主人公又是如何看待这些物质诱惑的？

8、主人公的阅读兴趣如何？书架都放着些什么样的书，又有什么样的杂志？这些问题的答案既可以在采访中通过提问获得，又可以通过靠观察获取，同时可以披露主人公对待名人名著和名篇的态度与看法。.

9、主人公崇拜的英雄有哪些？列出主人公最仰慕的十个人，并分别给出理由。

10、主人公的人生和事业的主要目标都是什么？实现这些目标的主要障碍又是什么？如何克服这些障碍？

11、主人公都喜欢和什么样的人交往？主人公在配偶、子女、父母、重要的朋友、同事、上司和下属等眼中是个什么样的人？

12、休闲和业余时间，主人公一般都如何度过？

13、对主人公本人及其事业而言，哪些问题、概念、哲学确实很重要？主人公愿意为什么而奋斗、为什么而牺牲？为什么？为了自己的信仰，主人公会采取什么样的行动？

14、哪些日子对主人公是有特别意义的日子？为什么？

15、主人公对什么最痴迷？或者什么让主人公梦寐以求？

16、主人公对待困难通常采取什么态度？对待侮辱，是忍耐、反击、若无其事，还是其它？如果有人在餐厅排队时，在主人公前面加塞，主人公将会如何反应？

17、主人公的生命中有哪些具有里程碑意义的事情？

18、主人公的生命中有哪些遗憾和自豪的地方？

19、如果要立一块碑介绍主人公性格品质的核心，上面会写一些怎样的文字？

20、主人公想以怎样的方式被后人记住？

如果采访对象是一位商人或企业领袖，还得要记着提出以下几个问题：

1、目前的主要项目是什么？

2、所从事的领域眼下最明显的趋势是什么？他和他的手下如何适应这种趋势？

3、未来5到10年您打算做些什么？他估计遇到什么样的障碍呢？

4、眼下，什么样的问题是他最大的关注？为什么？

下面是2005年的一期美国《商业周刊》刊登的由罗本·法尔扎德撰写的一篇人物特写，题为“华尔街的疯子”：

10月中旬的一个星期五，脸色发红的吉姆·克拉默在开市之前就在位于华尔街14号的TheStreet.com公司总部里忙开了：他关注着新闻报道，同时查看股票信息，翻阅研究报告，并给华尔街的交易柜台及有关人员打电话……

克拉默当年在华尔街就是这么过来的。20世纪80年代，他作为高盛公司的一位经纪人经受了磨炼，之后他筹措了4.5亿美元搞起了克拉默—伯科威茨对冲基金，一干就是14年。

他说他的财产净值在5000万到1亿美元之间。有了这么多钱，你可能认为他一定过着豪华奢侈、逍遥自在的生活。

恰恰相反，他的家在新泽西州萨米特，除了双休日，每天都是凌晨3:45起床，上网浏览重要新闻、查收留言、给他的电视制片人发送邮件，接着在家中健身房锻炼到5:30，之后给交易员和经纪人打电话，撰写网络文章。

稍后，克拉默将小女儿埃玛送到学校，然后用5分钟的时间赶到华尔街上班。通常晚上7点左右才能结束工作。

克拉默本人要完成6个网络栏目和一个电台节目的制作，为美国全国广播公司电视台（CNBC）每晚播出的《疯狂的金钱》赶制节目。有时他还给《纽约杂志》撰写专栏文章。克拉默说：“我对股市痴迷上瘾。”

克拉默从哈佛大学毕业后经过了一段艰苦岁月，在新闻报道的好几个初级岗位干过。最后终于重新回到了哈佛大学。在那里他看见了刚刚成立的金融新闻电视台（CNBC的前身）的节目。

金融新闻电视台不间断地播放新闻和实时分析重新燃起了克拉默长期潜伏在心底的对股票的兴趣。通过给教授打工和假期实习，克拉默挣了一些钱，随即，他开始炒股。

当时，他感觉市场就要迎来一个大牛市，于是他将自己的学习贷款用来投资股票。

在朋友的鼓励下，克拉默注册成为了一个投资顾问。哈佛大学教授、《新共和》周刊编辑马丁·佩雷茨出其意料地带着50万美元的支票来找他。几个月，根据克拉默提供的炒股建议，佩雷茨频频获利。

在两年内克拉默为佩雷茨赚了15万美元。他凭借自己的投资佳绩进入了高盛公司，给超级富豪当经纪人。此后，在1987年成立了自己的对冲基金，干了近14年，通常每年都可以赚1000万美元，甚至更多。

回到2005年。他现在一天工作13个小时，简直就是一个工作狂，不亚于当年掌管克拉默—伯科威茨对冲基金的时候，那时侯他常常向同事扔水瓶、摔电脑键盘。

克拉默停顿了一下，然后讲个人迷恋股市对家庭的影响。他的对冲基金在1999年给客户带来了47%的收益率，2000年的收益率为28%。“当年其他人的生意都不好，我却发了大财，然而我却比过去任何时候都可怜！”他的大女儿不愿意呆在他的身边，因为他几乎不停地跟投资者通电话。

他的生活在2000年感恩节前夕发生了转折。当时他和父亲去了一趟拉斯维加斯。由于打电话给自己的基金下单子，克拉默把父亲晾在一边好几个小时，然后对父亲说该去吃饭了。他的父亲却大发雷霆：“你都46岁了，这就是你的事业吗？除了基金什么都不关心，你怎么那么可怜？”

克拉默说，这件事促使他重新思考自己的生活。后来他抽走资金，退出了基金，全权交给杰夫·伯科威茨掌管。克拉默说：“易得易失。”

这些天来，早上送女儿上学是他的头等大事。他说：“我从来没有耽误过，雷打不动。”

周末的时候，克拉默侍弄花园里的西红柿和辣椒，挖蚯蚓做鱼饵，到乡间别墅去钓鱼。

大家可以用前面所说的检验特写12问来对照一下，看看有哪些地方还需要改进的。任何稿件都有改进的余地，十全十美的稿件是不存在的。

第十节　演讲报道：怎一个“说”字了得？

现在采访演讲要比过去方便多了。一般都会提供演讲的原文，即使不提供演讲原稿，相关网站很快都会有全文的，这为记者或编辑采用什么样的方式报道演讲，提供了选择的余地。演讲的报道最常见的有两种形式：原文照登和摘要编发。

原文照登的报道

所谓原文照登的报道，就是逐字逐句报道，保持讲话原稿的原样，不发摘要，演讲人怎么讲的，就原封不动、一字不落的登多少。原文照登的报道一般用于重要人物的重要讲话，如党的总书记在历届党代会上的工作报告和国务院总理在一年一度的人代会上的政府工作报告，在会议结束后，总是要通过新华社全文播发，各大报纸全文刊登。

原文照登的优点是记录完整，全部属实，便于读者全面了解演讲的全貌，更好把握演讲人的真实意思。

原文照登的报道只适合于那些极其重要的演讲，因为，这样的演讲读者较感兴趣，或者是要为了立此存照而必须全文照登。

但原文照登的报道显然有其自身的缺点，这就是，容易把重要的思想和观点淹没掉，一般的演讲篇幅太长难以让多数读者提起阅读兴趣。

即便原文照登，也最好不要单独刊登，要做一些技术处理，比如加上一段摘要，列出演讲的主要要点，同全文并排刊出，或嵌在文内；也可以将要点在一版刊出，同时说明全文刊登在里版。

摘要编发的报道

摘要编发是报纸报道大多数演讲所采用的形式，它通过以下三种方式大大压缩了讲话的篇幅：

——把演讲原文中许多段落概括成间接转述形式；

——省略了不太重要的段落和内容；

——上述两种形式并用。

摘要编发的报道要求把讲话内容的次序打乱重来，按照倒金字塔的要求来写，把最重要的内容写在导语里，其他内容按重要程度依次写入后面各段。这并不意味着演讲人的讲稿写得条理不清晰，而是因为演讲和摘要编发的要求是不同的。

摘要编发可以自由地根据原意写作、删减或重新排列次序，因为新闻稿件不是演讲稿件的全文，由于报纸版面的限制和读者阅读的需要，采用摘要编发的形式报道演讲是必要的。

摘要编发报道演讲，不仅必要，而且是一种标准的演讲报道形式。但必须，尽力找准那些最富说服力和感染力、一针见血的引语，才能算得上精彩的报道。

通常摘要编发报道一篇演讲，应该遵循以下原则：

——删除讲演人对来宾、听众或主人必讲的一些客套话，这种客套话只有在热情洋溢地提到某个与之关系紧张的国家时，才有真正的意义。

——删除那些毫无新意的开场白和没有实际意义的老掉牙的内容。

——认真阅读讲稿中其他内容，找出最重要的或最有新意的部分，并确认所找出的内容不是重复以前讲过的话。

找到了最新的或最重要的内容后，可以用自己的话把演讲人的意思表达在导语中。下面是处理演讲新闻稿件的一些小技巧：

直接引语的运用：对于可能会产生深远或重大影响的话、如果用第三人称口气转述有可能失去分量的话和可能形成对他人的指责或诽谤的话，要始终坚持用直接引语，以增加报道的正式性和权威感。

不要违背原意：在摘要编发一段演讲人的讲话时，必须始终忠实原文，不能以违背原意为代价，去实现节省版面的目的。

不要一“说”到底：一篇稿件从头到尾，每段都离不开“他说”，是令人恼火的事情，用“他还说”代替“他说”也不失为一种有效而且有益的办法，尤其是在表达这番话显然是事后临时想到的补充说法时。

“他继续说”和“他接着说”一样没有意义，最好避免使用。直接用“他说”或改变“他说”在句子中的位置就足够了。

还可以利用演讲人的身份、姓名或头衔来替代“他说”，这当然也是一种不错的小伎俩哟，至少可以用它来换换花样。

力戒在双引号中再使用单引号，以方便读者的阅读。我们可以这样表述：演讲人援引某某的话说，“我们的目标一定要达到，我们的目标一定能够达到！”。

第十一节　言论：清晰比华丽更重要

常言说，言论是一张报纸的思想和灵魂。《国际商报》在这方面有太多的工作需要做。打开我们的报纸，每一个版大家都做得很认真，很尽力，似乎信息量也不小，但是，合上报纸，看到的都是似曾相识的新闻信息，总觉得缺少点什么。

为什么？在这个信息爆炸的时代，读者获取信息的手段和渠道都很多，报纸光靠消息是很难吸引读者的眼球了。靠什么？观点！观点，靠什么来体现？言论。

一般来讲，报刊的言论从形式上分以下几种：

1、编辑部文章：

2、社论：指代表报社就当前国内外商务领域特别重大的问题发表的特别重要的言论。

3、评论：指报社就当前商务领域的重大事件、问题或重要思想倾向发表的重要言论。

4、评论员文章：指编辑部就某一重大商务问题发表的重要言论。

5、短评、时评：指编辑部或编辑记者就某一重要问题或新闻发表的篇幅短小的言论。

6、编者按、编后：指编辑部在重要新闻作品前或后加的极为简短的言论。

7、述评分析和综述：指记者和编辑采写的以新闻事实为依据并兼有议论的新闻作品。

也有人认为，许多普通读者从来不看言论，他们买报纸是因为要看报纸提供的消息。为什么会有这种看法呢？主要是有些言论的调子是可以预料的，读者不用看就能断定所读报纸将如何表态。报纸日复一日、月复一月、年复一年地重复讨论陈旧得老掉牙的话题，所以，久而久之，读者就不会阅读这家报纸的言论了。这种言论对一个公正的读者来说不会产生任何的影响。

言论的写作

不管人们如何反对这种老调重弹的言论写作方式，但报纸仍然要有自己的声音，主张什么、支持什么、赞成什么和反对什么，都应该旗帜鲜明，一份没有主张的报纸就不会有自己独特的个性，一份没有思想的报纸就不会有自己鲜明的风格；一份没有灵魂的报纸就不会有自己的精神，而一份没有个性、没有风格、没有灵魂的报纸，是不会有太多知音的。

言论不能总是交由一两个人来写。否则，报纸就会一年到头充斥着这几个人的想法和偏见。过去有些报纸，重要的言论总是由总编辑亲自撰写，现在更常见的是由编辑部里某一方面的专家执笔。在多数报纸，国际版主编负责撰写国际评论，贸易事务的评论由贸易版主编负责。现在，国内的财经报纸也有不少聘用了一批各方面的专家帮助撰写言论。这些人虽然学有专长，但知识面不能过分狭窄，因为新闻工作者必须是个“万金油”——对什么都可以发表一通议论。

言论不是也不应该是某一个人一时心血来潮的产物，报社的总编辑及其言论写作班子应该根据事情的进展及时作出是否要发表言论的决定。

一篇言论的构思主要应从三个方面着手：

1、话题：始终记住要及时转换话题。不要一味重弹昨天、上周乃至去年弹过的老调。要统筹对国内动态和国际形势的评论比例。选一个自己有把握的话题，比选一个自己认为该说几句的话题要好得多，要努力避免讲一些妇孺皆知的大道理，要力求说几句言之有物、令人耳目一新的话。

2、篇幅：篇幅的长短决定了言论的分类。有人说，500字的言论只能处理一个主题，没有更多的篇幅展开，写500字的言论似乎比较容易，800字的言论可以分析得更深刻，提供更多的信息，而且可以变换更多的话题，更合理地安排各种话题。这种说法，是有一定的道理的，因此，要遵守预定的篇幅。一条消息常常可以从后往前删节，但一篇言论如果可以任意删节就不是好的言论了，因为言论的高潮往往在结尾出现。

3、观点：报纸如何表态受很多因素的影响，不能仅仅是言论撰写人个人的观点，因此言论讨论会上不但要确定谁来写，而且还要说明为什么要写，也就是说要表达什么样的观点。

言论写作与消息写作的异同

无论是写言论还是写消息，都要遵守基本的道德准则、价值判断和报道技巧，两者的区别在于写作的方式：在言论写作中，你必须抛却那些新闻写作基本规则——客观、冷静和中立；主观性极强的言论协作恰恰要求有自己的观点。在新闻写作中，必须学会运用5个W和一个How，在言论写作中，一旦这些因素出现后，就要反问自己这样写是否符合“SEA”原则。所谓“SEA”原则，就是言论写作的三大功能：Stimulate（激发）--Explain（解释）-- Advocate （倡议）。

所谓“激发”，就是说你的言论能否激发起一个当天的热门话题，能否激发读者以全新的不同的方式去思考；

所谓“解释”，就是指你的言论能否给读者的阅读提供有价值的背景和具有附加值的信息；

所谓“倡议”，就是指你的言论是否提出倡议明确支持了一种立场，你的报道有没有逻辑性和说服力、是否吸引人并令人信服、是否超越了那种“一方面，但是另一方面”的圆滑写法，而是劝导读者接受新的见解和新的理念。

当然，有时候还要问问自己：言论是否有趣、能否给读者带来阅读的快感，因为读者的阅读应该是轻松而舒服的。

撰写言论，既要摆事实，又要讲道理，两者需要平衡。要不时地反问自己：“这样写，读者能够明白吗？”如果觉得读者有可能不会明白，就把这点写进言论里。同样，也不要把该登在消息版的事实大量塞进言论里，以致没有篇幅表达观点了，而且写出的稿件可能是个“四不像”，既不像消息，又不像言论。

如果要把某条消息写进言论，就要核对检查并仔细读一读那条消息，以了解其内容和意义。甚至可以向原作者请教，看他是否能够提供其他有用的背景材料。

提出合乎逻辑的论点。不要试图用纯粹的教条来说服别人，又不提供事实来佐证。不要以为只要把观点表达清楚就能打动读者。即使把观点表达清晰了，也不见得人家就信服，还是应该用逻辑分析的方法给读者留下印象，或让读者认同。

言论写作最重要的一条就是，表达清晰比文笔华丽更重要。大多数读者如果发现言论或其中的论证难以卒读，他们就会半途而废，不再读下去

第十二节　以事实说话，用思想写作：放弃是一种痛

就像在采访中学习采访一样，也必须在写作中学习写作，否则一切都是纸上谈兵。世界是在不断的变化之中，商务在变，新闻也在变。要使自己的思想适应新的情况，就必须“学习、学习、再学习，实践、实践、再实践。”

今天的商务新闻记者，首先必须具备的不仅仅是变化了的新闻采访和写作的知识与手段，更要具备全球化的知识、视野和思维。惟有如此，才能将风云诡谲的世界经济尽收笔端；也惟有如此，才能让纷繁复杂的商务新闻跃然纸上。

大凡新闻报道都是由采访得来的事实、观察的结果、直接引语和细节内容组成的。记者通常收集的素材几乎总是超过稿件所能容下的内容。由于为搜集信息和素材付出了巨大努力，记者自然希望在新闻中尽量多用这些素材。

但是，把所有相关事实都放入报道很少能成为引人入胜的好新闻。大量罗列事实的报道让人费解。 记者如果要解释一切，到头来往往会让读者不知所云。此外，报纸只有那么大的版面，而读者、听众也只有那么一点空隙时间和注意力来跟踪新闻。

好的稿件从来都是靠对事实的选择，而不是靠对材料的压缩。我们很多记者采访归来以后，囫囵吞枣地把一堆材料一股脑儿全输入电脑，然后根据版面允许的长度开始删删减减，这不仅是一种懒惰行为，更始一种亵渎行为：是对记者职业的亵渎，对报社名声的亵渎，更是对读者尊严的亵渎！

记者必须学会和掌握并灵活运用新闻判断力来决定哪些是应包含的重

要信息及其前后次序。对于许多记者而言，写稿子的最大困难不是写什么，而是不写什么：放弃是一种难以割舍的爱，放弃更是一种不可名状的痛！有益的建议是：拿得起，放得下。舍得舍得，有所舍，方可有所得。

始终有效的一个办法是：确定稿子的中心思想、主题或焦点。然后围绕焦点取舍材料，开始写作。

把重要的信息放在报道的开头，这是写好商务新闻的首要准则。导语不应该充斥着无关紧要的事实，永远记住：商务新闻也是新闻。虽然是写商务，但终究是写新闻！写新闻就应该按照新闻的写作规律去写作！

在这个信息爆炸的年代，写出独家报道的消息成了很多记者梦寐以求的奢望，但靠思想取胜的报道却大有“文”在。

潜心写作。一分耕耘，一分收获。在商务新闻写作中，最致命的事情就是别人说什么记者写什么，尤其是一些企事业单位和中介机构发布的海量信息和自我推销的材料，我们很多记者乐此不疲，拿过来前后删减一下，或者简单地改头换面，甚至未加任何处理原封不动地登在报纸上，这种行为实际上是极其不负责任的，也是让人忍无可忍的！

正确的做法是，将得到的材料首先简单核实一下，看看它到底有没有新闻价值，如果有，可以此为线索，再去寻找新的信息、渠道和角度，不能只依赖单一新闻来源，要多找一些嘴巴，丰富自己的报道；反之，则可以置之不理。

理解采访内容，弄懂了所有的事实和素材之后，再开始动笔。我们的报道中含有大量的专业术语和令人厌恶的外文缩写。这一点很糟糕，它们不仅损害了我们的报道，伤害了我们的读者，而且在污染着我们的母语.

用专业术语和报道对象提供的英文名称写作，比搜肠刮肚去寻找读者能够理解的词或汉语中的对等译法，要省事得多，也安全得多，再遇上一个不懂外文的编辑和不大讲究的值班老总（不精通英语的老总有的是），特别容易通过，因为多一事不如少一事呀！这样看上去受害者是读者，其实最终是报纸：报纸可能因此赶走了读者！

钻进去，又要跳出来，接着写。所谓钻进去，就是要把采访和前期调研得到的材料搞清楚，吃透了，不放过任何一个疑点和细节，当遇到晦涩难懂的术语时或只有外文名称时，自己不能解决的要请教专家，直至来龙去脉、前因后果全部弄明白了，再开始构思稿件。所谓跳出来，就是写完初稿后，把自己完全放在读者位置，远距离地看看还有什么问题，这样将有助于更好地理解报道内容和更好地了解报道对象，也将有助于发现那些依稀晦涩难懂的文字，从而保证用自己平时说话的语言叙述故事。

一篇稿件完成后，再反问自己几个最后的问题：

1、我是在给大家讲故事吗？还是把自己当作了律师、警察，或者法官？

2、故事讲得好的人，心中始终装着两个人：故事中的人和故事外（听故事）的人。写出稿件后要多问自己：读者对此有兴趣吗？

3、用故事的语言讲故事，用新闻的语言写新闻。写出稿件后要常问：平时我是这么说话吗？

我向来主张，记者应该具有持久的激情、好奇心和想象力，这不仅对采访有益，对写作更是如此。读了汤姆斯·弗里德曼的《世界是平坦的》一书，我的这种主张变得更加坚定了。他在书中说过：“我得出一个结论，即在一个平坦的世界里，智商依然重要，但好奇心和情商更为重要。我坚守这样的方程式：CQ + PQ>IQ（好奇心 + 情商 > 智商）。他还援引了爱因斯坦的话说：“想象力比知识更重要”。

最后的提示

激情第一，才情第二；思想第一，技巧第二；

内容第一，形式第二！事实第一，文字第二！

感悟篇：捍卫母语及其他

◎记者：借我一双慧眼吧◎编辑：不做屠夫做大夫◎办报：首要的是做好“表面文章”◎别了，洋文字母！◎CCTV：中国人看不懂，外国人看不明白——兼谈媒体在维护母语纯洁性方面的责任◎从OZ到“雄心水平”——从两则媒体用语想到的◎关注民生：“小人物”背后的新闻“大金矿”◎“假”货堆里新闻多◎不忘冷点：小商品里的大文章

记者：借我一双慧眼吧

——浅谈用眼睛采访及其它

所谓记者，就是指通讯社、报刊、广播电台、电视台等采访新闻和撰写通讯报道的专职人员。

现代汉语词典里这一关于记者的解释，严格说来，不能算作对“记者”的定义。记者，可以指一个职业，也可以是从事这一职业的人，还可以是反映这群人中具有一定水平者的专业职称。本文讨论中涉及的记者兼有这三层意思，在不同的地方也可能有不同的意思，但多数情况下，是指受过培训而又受雇于专业新闻媒体从事新闻采写工作的专业人员。

在不同人眼里，记者的形象也是不同的：或是电影电视里穿着入时、楚楚动人的年轻女性，或是敢于仗义执言，文笔尖刻的正义化身，或是某小报用版面或稿件换几个零用钱的骗子，或是传统意义上所说的无冕之王等等。众说纷纭、褒贬不一。

尽管如此，记者仍是一种令人向往的职业，不仅因为它可以轻易地将你的名字用铅字排在印刷品上(无论是权威报刊还是街头小报)，可以满足一个人的虚荣心或使之产生或多或少的成就感，更重要的是它使你有机会生活在政治、经济、文化和社会，乃至军事、外交和国防等各个领域的前沿，呼吸时代的空气，触摸生活的脉搏，演奏生命的乐章。

想好了再当记者。这是我曾经给正在求职的一位大学毕业生的一句忠告，因为当时我觉得他确实不适合这个行当。

准备好了就能当记者。这是我几年前在给湖南岳阳市一位小学生的回信中说过的话。当时，这位小学四年级的女孩子给我来信，询问怎样做将来才能当好记者，我为她的追求与天真所感动，所以鼓励她好好学习，刻苦锻炼，从身体素质、心理素质和知识积累等方面做好准备，将来一定能成为一名出色的记者。

其实，关于什么人不能当记者，什么人能当记者和什么人能当好记者，已故新华通讯社社长郭超人同志有过一段精辟的论述。他说："什么样的人当不了记者?什么样的人能当记者?什么样的人能当好记者?大多数人能想到能做到的，而你想不到做不到，就当不了记者；大多数人能想到能做到的，而你也能想到做到，可以当记者，但不一定是好记者；惟有大多数想不到做不到，而你能想到能做到，那么你就能当一个好记者。"

这段话应该说简直就是真理或者叫公式，无论做什么工作，好像都能套用这一公式。对于当过记者或正在做记者的人来说，这句话是比较容易理解的，而你于从未有过记者经历的人，理解起来就不会那么深刻、那么真切。为此，我想根据自身的体验，具体谈一谈当一名记者起码应该具备的能力问题。

我认为，作为一名记者，至少在观察力、感受力、承受力、执着力、进攻力、记忆力、抽象力、想象力、创造力和表现力等十个方面有其独到之处，这些都是一个好记者所应必需的基本能力。

观察力：让你离事实更近

有人说，新闻是用眼睛采写的，而不是用手。此话足以表明眼睛对于记者采写新闻的重要性。新闻工作者总是用自己观察到的东西来丰富和充实自己从材料和采访中得来的素材，一般人把后者当作第一手材料或原始材料，但实际上，真正的第一手材料应该是观察中得来的。

对一个记者而言，观察为之提供了调动所有感观的机会。你的眼睛所见、耳朵所听、鼻子所闻、手足所触、亲口所尝，乃至你的内心所感、情感反应，你所体验的一切能够产生强烈的戏剧性(注意这里所说的是体验，而不是体会，两者是有区别的)。如果一切都是真切的，你的观察活动和由此所得出的结论同观察到的内容相互融合，即可成为一篇语言生动而富有实质内容的评论。

很显然，这给新闻采访注入了新的深度和活力。印刷媒体的记者可以从任何的采访中，通过试图提供描述性的勾画，完善报道技巧；而电视采访记者，不管谈论什么话题，详尽的观察可以进一步增强电视本身固有的可望不可即的画面优势。

一、观察力是文学新闻的需要

在国外的印刷媒体，记者都目睹了近些年来出现的这样一种趋势，即新闻写作文学化，有人称这种现象为文学新闻。这种文学新闻并不是我们熟悉的散文式新闻，倒是与我们国内的长篇通讯和短篇报告文学极为相似。

美国著名新闻学者托马斯·伯纳在1986年10月出版的第99期《新闻专著》杂志上发表了一篇文章。这篇文章的题目是“文学新闻写作：矛盾修饰法的终结”。作者在文章中说到：“文学新闻写作就是将深度报道和文学技巧糅合在一起的新闻写作方法。而在文学技巧中，叙述和描写、提炼和加工、观点陈述、戏剧展现、重要纪事、节奏韵律、形象塑造、未来预测、比喻、反语和对话的运用乃至整个文章(从头至尾)的谋篇布局，原先多是为新闻大家所不屑一顾的。”

当今美国很多记者都试图使自己成为或把自己打扮成文学新闻的旗手或追随者。这是因为美国最高新闻奖项普利策新闻奖已多次青睐文学新闻作品，如1979年该奖的最佳特稿奖首次光顾文学新闻作品“穿越人脑隧道的恐怖旅行”。作者是巴尔的摩太阳晚报的科技记者琼·富兰克林。他的这篇稿件是一个充满悬念的关于人类大脑功能的悲剧性描述，从此以后，普利策特稿奖就开始认可那些谈起来便像是小说的新闻作品了。

然而，新闻作品就是新闻作品，它毕竟不是文学创作，也不是写小说。这就需要记者更加仔细地观察，尤其是对细节的观察。有人建议，要想成为文学新闻的大手笔，必先学会写现场短新闻，这是不无道理的，因为两者强调的一个共同点就是：用眼睛采访。

二、西方记者采访中常用的三种观察方法

我们的记者多数情况下，采访时只满足于一问一答，记笔记，索要背

景材料，而很少或不擅长用眼睛去观察，这里想介绍一下西方记者在采访中常用的三种观察方法：非参与性观察、参与性观察和不声不响观察法，这三种方法未必适用于我们每一个人的每一次采访，但我还是想写出来供大家参考。

1、非参与性观察法。这种观察方法其实就是把自己作为一个旁观者去观察采访对象。这可称作处于初级阶段的观察水平，但它确实是新闻记者常常去做而且应该去做的事，体育记者采访篮球比赛，文艺记者报道一出话剧、政治记者评论国会或议会的辩论，所有这些都是典型的冷眼旁观式采访的例子，这对新闻采访来说尤其普遍。

在进行非参与性观察时，记者总是要表明自己的身份和采访目的。非参与性观察和参与性观察的界限并非总是那么清晰。决定的因素是你是否已同样做了其他参与者做的事情。比如你在急救室采访一名车祸受害者的抢救情况，一般来说，你是不会参与医生们的抢救工作的，但你极有可能被请去安抚那名痛苦不堪的受害者或被惊呆了的孩子，如果你做了，你便成为参与性观察者。

2、参与性观察法。如上所述，参与性观察是指通过亲自参加采访对象的活动进行的现场观察采访，这时，记者参与了他所要描述的活动之中。通过亲身体验被采访者的经历，文章做起来自然会更真实、可信。

有些记者把参与观察视作其文学新闻的商标，也有些记者是出于某种无奈而被迫进行参与性观察。例如，美国俄勒冈州记者莉莎·史特莱克在一次被黄蜂蜇了大腿之后，开始就那个夏天她家乡黄蜂成灾的事进行了调查研究并写出报道。这种情形当然也属于参与性观察的一种。参与性观察法，又叫“嵌入式”观察法，国内也有人称之为亲历式报道或体验式报道，二战时期，日本共同社记者首创的“目击式”报道应该是这种方法的鼻祖。

在进行参与性观察时，记者时常不暴露自己的身份。像这种隐匿身份的采访方式也有一定的难度。除非你是一个很好的演员并能装疯卖傻。要知道当今这个时代人们的心理异常复杂，人和事都不再好蒙，而且你不得不考虑花费的时间和精力是否真的值得。

3、悄悄观察法。这种观察法类似墙角里的耗子静静地注视，时常还伴有数字统计。在美国大学校园里的学生在班上似乎时常这么做。而在国内显然这并不是一种非常普遍受到鼓励的方法，至少目前是这样。

在俄勒冈大学曾发生这样一件事情：一个班的学生约好去采访其他班学生，看看他们是如何耐住性子忍受50分钟的枯燥无味的说教的。得到的答案使这些采访的同学大吃一惊。这些同学本来指望听到一些学生承认课堂上做白日梦或者其他一些说不出口的想入非非，至少在采访前他们已经发现这些现象。采访者绝对没想到的是，那些被采访者就像专业人员那样，花去了大量的时间去搞不声不响的悄悄的观察。

那些被采访的学生们事先准备好统计表格，记录下不同的教授在各自讲座中重复的陈词滥调次数。每当一个教授说到“根据我个人的看法”或“依鄙人之见”等字眼，一个学生就负责在表格中标出。堪称常用不衰的一个词组就是：“由此可见”。另一名学生说一名英语课助教在一次50分钟的讲座里，提及“大家知道”这个词组至少不下70次。

专业的观察者就是采用这种办法去不声不响地观察。学术上称之为“无反应度量法”。之所以如此，是因为观察者的行为并不影响被观察者的行为。

其实社会学家也时常如此。他们用这种方法观察社会，了解社会，分析社会，在1922年一个分类调查中，社会学家墨尔先生花了几周时间在纽约的百老汇把自己所能听见的对话片段悄悄录下音，在174个片段中，墨尔发现，异性话题占男人间谈话内容的80%，占女人间谈话内容的44%。从此，性别差异便成了观察的主题。1981年，一项就不同性别的谈话方式的研究得出结论：女人爱发问，男人爱插嘴(尤其是在与女人谈话时更是如此)。另外还有一项研究表明，女人聆听时更喜欢注视对方的眼睛等等，甚至课堂上的座位也被观察和研究过，成绩好的学生喜欢坐前几排或中间，而学习不太好的学生则希望坐在两边或后几排。

新闻记者也经常采用这种方法，而且纯粹是非正式的。细心地记下一个人在谈话时常提及的口头禅的大概次数。尽管这种方法不像实际统计那样精确，但它确实可以说明一个聪明听众的听力，从而表明一个富有灵气的记者和一个平庸记者的差距。

三、观察什么?

我们已经注意到了新闻记者观察的全部目标就在于这是新闻写作和故事创造的需要。细节使作品更富有激情，缺乏细节的稿件必然枯燥无味。因此，细节是极为重要的，其重要程度不亚于提出一个有创造性的问题。而观察显然有助于细节的掌握。那么观察什么才能把握细节呢？莎士比亚曾经说过：“世界就是一个舞台，所有的人只不过是这舞台上的演员而已。”如果是这样，那么应该说，反映事实的报道完全可以从话剧创作中汲取营养。话剧创作有几大要素：人物、情节、场景和主题。这几个要素和我们通常所说新闻导语中的5个W恰好是一样的。时间(when)和地点(where)构成场景，新闻人物(who)相当于话剧中的角色人物，新闻中的做什么(what)和如何做(how)相当于话剧中的情节。新闻中的为什么(why)多少有些类似话剧中的主题。

可见新闻记者和戏剧作家一样，不仅要观察人物，还要观察细节和场景，这是每一个记者必须养成的习惯。

说难也不难

观察力是记者首先要培养的一种能力。常言道：处处留心皆学问。其实，新闻又何尝不是如此，不也有人说，处处留心皆新闻吗?

这使我想起一位先哲说过的话，美是无处不在的，问题在于我们是否拥有一双发现美的眼睛。新闻亦然。因此，只要我们能够处处留神，善于观察，就会拥有挖掘不尽的新闻宝库，就具有了当好记者的一个重要的基本条件。

但是，只有观察是不够的。《经济日报》总编辑艾丰说过，做一个好的记者，他必须具备负责、开放、敏感而又开朗、皮实的心理素质。他进一步解释说，负责就是要管管闲事，不能事不关己，高高挂起。开放：乐于、善于接受外来事物，乐于、善于同他人交往，那种性格内向，主观倾向性强、难以接受外界信号的人，不适合当记者。敏感，对外界事物要有浓厚兴趣，既要充满好奇感，又要有敏锐的目光。那种对什么都不感兴趣、感知迟钝、甚至麻木不仁的人，怎能当好记者呢?开朗，就是拿得起、放得下。拿得起、放不下，拿不起、放不下的人不能当记者(我想恐怕神经衰弱、睡眠不好的人也不大适合当记者)。皮实，就是脸皮要厚，而且能吃苦，无论在什么情况下，都能以饱满的热情完成任务。

记得我的一位美国老师曾在中国日报担任改稿专家的查尔斯·富兰克尔曾经说过，当一个出色的记者，一定要有幽默感。不懂幽默的人成不了大家。幽默感，确实使很多世界著名记者的作品与众不同，我们中国的记者，尤其是年轻记者应该注意培养自己的幽默感。

尽管当一名记者难，当一名好记者更难，但并不是难得无人可做的地步，其实一名记者同时具备各种优良素质是很难的，但只要能够扬长避短、发挥所长，还是能够做一名出色的记者的。

记者的热情怎样才能持久？

记者是一项年轻人的事业，因为年轻人朝气蓬勃、充满激情；我一直认为，作为一名记者，激情比才情更重要，没有激情的人是不可能成为一个优秀的记者的。因此，始终保持激情，也是记者必须具备的一种能力。

美国《纽约时报》的拜伦·卡拉姆曾对与他有过合作与竞争的数百名同行进行过一项关于报纸记者动力的调查后，他发现能够激发记者工作热情的动力，来自七个主要动机：

1、成为新情况、新见解的首位报道者。争取成为一个有新闻价值事件的首位报道者，并如实加以报道，始终是每个编辑部乃至每位记者的内在驱动力。

2、写出能产生社会影响的报道。所有的记者都希望写出能为人们津津乐道的报道，但有些人写作的动机是纠正社会上存在的偏差或让事态发生有益的改变。这些记者追求的两项主要目标是使有权势的人承担责任和体蒙冤者申冤。

一位记者曾经告诉拜伦·卡拉姆，“使掌权者对如何行使权力作出解释”是报纸监督作用的主要部分，“这也是促使我进入这一行的主要原因”。另一位记者则认为，应该“使那些被剥夺了发言权的人发出声音”并“找机会让那些本不应该心安理得地生活着的人坐卧不宁”。发表这些见解的记者们正在实践着自己所 大力宣传的信念。

3、获得新闻奖。记者们最不愿意承认获奖是促使他们努力工作的动力。然而，在许多新闻奖的评选中，那些能带来变化或引起轰动的报道往往会获奖。因此，记者不可避免会受到此目的的驱动。有些奖项能给记者带来不胜枚举的利益，其中包括未来在选材方面会获得更大的自主权，而对有些记者来说这不啻是一个关键的动力。

4、给采访对象留下深刻影响。派去专门采访某个部门的记者可能接触到专家型的信息来源和采访对象，给他们留下报道准确、公正和富有深刻的印象，仍然是许多记者的一个很重要的动机。毕竟，许多记者从信息来源方面获得的反馈要比从读者处获得来的多。

5、搞清楚事实真相。好奇心是驱使记者对某个令人费解的复杂局面“打破沙锅问到底”的主要动力，也促使他们借助某种方式，就这一事件向读者解释。

6、以引人注目的方式讲述事件经过。这里起作用的动机包括两个方面的内容。首先，几乎所有记者都渴望报道一个重要事件，这样读者才会将通篇文章看完。其次，许多记者都能写出能引发读者强烈共鸣（如引发读者大笑或痛哭流涕）的好报道中获得满足感，甚至是快感。

7、上头版。如今，记者对稿件上头版的重视程度或许已经有所减少，上头版已不再是促使记者积极工作的主要动力，但似乎没有多少记者没有过这样的愿望。

这一调查结果，对我们采编激励机制的建立是很有参考作用的。

关于记者应具备的其他能力，这里不再一一赘述，在即将结束本文之际，我想送给大家两句话，与大家共勉。一句是：“记者的头脑要冷静，要独立思考，不要人云亦云。”另一句是：“记者，特别是记者头子，头脑要清楚，要冷静”。这两句话其实是一个意思，对我们来说是十分重要的，我们每一个记者必须牢记在心。这两句不是我说的，它们是毛泽东同志在1958年11月对当时的新华社社长吴冷西说的。我把它们送给大家，算是“借花献佛”了。

编辑：不做屠夫做大夫

常听有些编辑部主任抱怨一些记者稿件、尤其是地方记者站稿件没法用，写得很不专业，编辑起来不知从何处下手；与此同时，抱怨稿件难以被采用的声音同样不绝于耳。何故？

答案源于记者与编辑之间的矛盾。

一家报纸，比较合理的采编体制是采编分离。记者总希望自己采写的稿件不仅能见报，而且能在好的版位见报，而编辑，面对源源不断的稿件，要权衡稿件分量，识别稿件的优劣，努力体现报社的办报方针和编辑部的编辑思想，虽然不能绝对做到，但是他们总是力争把适合的稿件放在适合的位置。所以，记者和编辑天生是一对矛盾。

国内很多媒体，尤其是行业性报纸，大多采用的是采编合一的体制。在这种体制下，一个记者往往担当着采写和编辑稿件的双重角色，而且由于种种原因，国内媒体即使实行的是采编分离体制，但也只是记者和编辑的分工不同，并没有“高低贵贱”之分，即没有资历和经验的要求，不像国外很多编辑是只有资深记者才能胜任的，因为编辑的一项重要职责就是指挥记者采访。

拥有120年历史的英国《金融时报》以高质量的新闻报道及对全球商业和市场动态独一无二的评论与分析，在全球行业内取得了巨大声望。它和美国的《华尔街日报》一起，并称当今世界两家最具有影响力的国际性商业报纸。这家报纸的亚洲版总编辑及发行人李尔庭(John Ridding)就曾经说过，“我们需要能够报道独家新闻的记者和能够指导记者的编辑”。

编辑的第一作用是发挥"第二双眼睛"的作用，发现稿件中的不足和错误之处，并予以改正。之所以强调的是第二双眼睛， 因为记者在把稿件交给编辑部之前，自己就有责任保证稿件中的事实准确无误。记者是防止稿件出错、杜绝稿件错误的第一道也是最重要的关卡。

但是，任何一篇优秀的新闻作品都不可能是一蹴而就的，相反，都是要经过反复推敲的。第一稿是仅仅是一个基础、一个坯子，聪明的记者都会给编辑预留出充足的修改稿子的时间。核实稿件的准确性是文字编辑的首要工作。编辑必须注意发现语法、字词等错误，尤其要注意主语与动词的搭配，以及动词与宾语的搭配，还要留意整个文章的间架结构。

编辑要确保所有的数字正确，例如电话号码，年龄，日期，时间等，有时还需要要把记者计算过的东西重新演算一遍，确保准确。编辑还要核实记者所用引语来源的职务和名称以及其他身份头衔，并在通篇注意是否标明了应表明的消息出处。

编辑与记者之间的关系是很复杂的，有时候像同事，有时像上下级，多数时候是一种指导与被指导的关系。这种特殊的微妙关系使得编辑和记者之间一直存在着一种彼此心照不宣的矛盾。

要解决这对矛盾，我认为，根本的办法有两条：

一要加强记者和编辑的沟通。编辑要想确保能有好的报道稿件到手，就应该经常性地主动与记者沟通，最好是“采访”记者，了解情况并确认与报道有关的一系列采访路径和必须回答的问题；而记者从准备采访和构思报道开始，就要同时跟编辑交流，推销自己的想法，到进入采访写作过程后，更要不断地与编辑沟通和讨论各自的想法以确定报道方向、主题和需要特别注意的地方。

二要明确各自的职责。对记者来说，发现新闻并能够提供足够的素材和背景是最重要的；而对编辑来说，必须能够把一条新闻编辑加工成一篇好稿件，把一条看上去有严重问题的稿件“医治”成好稿，就是说不要轻易“枪毙”稿件。

我和夫人是同事，刚开始都在新华社对外部工作，不同的是我是记者，她是编辑，我在记者组（后改名中央新闻采编室），夫人在英文编辑组（后改名地方新闻英文编辑室）。1990年的一天，我夫人在家有事情，我跟他们领导商量可否由我替夫人上一个夜班（也是仅有的一次），受到了他们领导的热烈欢迎。

我当时还挺高兴的。没想到他们领导果然“老奸巨猾”，准备好了一块硬骨头等着让我啃呢。那是一篇分社记者发来的报道，稿件很长，大概有3000多字，写的是这个城市市政府号召广大市民积极参加全市范围的大规模灭鼠行动，稿件发过来可能有一周左右的时间了，一直没人理会，实际上已经被判“死刑”并押到刑场了，但由于作者是一位老同志，大家太熟，都不好下手，所以他们是想让我当一次“刽子手”，来“执行”此稿的“极刑”判决。

说真的，一条关于市政府号召市民灭鼠的稿件对本市、最多国内发一发，或许还能讲得过去，对外发稿实在没有太大的意思，况且稿子本身过长，几乎都是市领导的讲话，光灭鼠工作的重大意义就讲了好几条，然后具体灭鼠措施又是一二三四。看了都发晕。但我还是硬着头皮看了几遍稿件，因为我确实不想给那帮“老奸巨猾”的领导当“刀”使，也不想哪一天到人家分社又要被当“屠夫”骂，就想从中找到一根“稻草”，好让我“刀下留情”，放生这条稿子。

苍天有眼，稿件中竟然有这么一句话，引起了我的兴趣，就是那位市领导说的：“有些居民认为，家里养有猫，就可以不参加这次灭鼠了，这不行。不管家中养没养猫，一律要参加这次统一行动。”为什么养猫了，想不参加灭鼠，就不行呢？我抓起电话，找到这位资深“名记”，没想到他不但对我的问题不以为然，反而指责我为什么到今天还没有编发这条稿件。一个字：很冤！

我一边告诉他没有那些内容，稿子就可能被枪毙，一边耐心地求他，能不能找到当地科学院动物所的有关专家给解释解释，兴许会有道理的呢？在我再三央求和多次“威胁”下，他答应第二天帮助了解一下。果然，第二天，那位记者回话说，当地一位研究动物行为的学者说，老鼠和同一只猫在同一个环境里周旋久了，慢慢会掌握猫的出没规律，所以有时可以避开猫的活动时间出来活动。就是这么一句话，加上原稿里的一点内容，我编发了一条600字左右的英文稿子，题目是“猫使老鼠变得更聪明”，稿件不仅得到了外国改稿专家的赞扬，还被好几家外电转播。

由此，我常想，作为编辑，应该像大夫治病救人、实行革命人道主义那样，治稿救文，实行“革命文道”主义。轻易枪毙别人稿件的编辑不是一个好的编辑！但这绝不是说一个好编辑从来不枪毙别人的稿件，只是不轻易，能拯救则拯救，不可救药者，则大可顺其自然，让其自然死亡。因为版面有限，我们不得不以质取稿。但大多数稿件，都是需要编辑重新加工的。甘为别人做嫁衣，这便是编辑的伟大和可敬之所在。

那么，作为第一读者的编辑应该从何处审视记者的报道呢，换句话说，编辑应该从记者的报道中寻找什么？

1、导语是否吸引人、是否具有新闻性和权威性？

2、稿件的新闻要素是否完整，是否添加了必要的背景？

3、是否迅速揭示事件的新闻价值：重要性或特殊意义？

4、稿件的报道结构是否合理？

5、报道是否体现了客观、公正和平衡的原则？

6、内容有没有深化、是如何深化报道的？

7、语言是否明晰、是否已为其中的术语加了注释？

8、名称、头衔、数字、地点等事实是否准确？

9、引语是否鲜活、生动、而且富有色彩？

10、文字是否洗练？

上面10条，只要有一条问题的答案是否定的，就需要补充或者改写。否则，放行！

办报：首要的是做好“表面文章”

大家都把报纸的头版称为一张报纸的“脸”。这张脸漂亮不漂亮，好看不好看，很大程度上决定了这张报纸的吸引力，决定了读者是否有阅读这张报纸的欲望和冲动。因此，几乎所有报纸都在头版上绞尽脑汁，千方百计做好这“表面文章”。

那么，如何才能真正做好这“表面文章”呢？我认为，应该在内容和形式两个方面同时使劲儿，不仅在形式上能够吸引眼球、激发读者的阅读欲望，而且内容上能够满足读者兴趣，实现读者的阅读诉求。

具体对于《国际商报》而言，头版的版式，应该顺应国际财经报纸的潮流，凸显其简约大方的风格，体现现代商业报纸的品味。把照片做大，把表格做足，把图表做美。作为一张商报，头版的表格和图表十分重要，它不仅能够代替照片美化版面，而且能以直观的形式迅速将丰富的信息传达给读者。

而在内容上，我认为，《国际商报》的头版应该始终坚持“一个中心，四个结合”。

一个中心：就是紧紧围绕国家商务工作的中心。作为由改革开放总设计师邓小平亲笔题写报名、由商务部主管的一张全国性商务报纸，头版一定要始终高举改革开放的大旗，紧紧围绕国家商务工作的中心开展宣传报道，坚定不移地为商务人士服务、为商务企业服务、为商务事业服务、为国家的改革开放服务。

但是，有一点要明确的就是，所谓国家商务工作的中心，就是部党组根据国家总体部署和国内外总体形势确定的全国商务事业的重点工作中的重点，是商务事业的核心任务，它决不等于各级商务行政管理部门的日常工作，商报既不是任何部门的黑板报，也不是简单的工作简报。

四个结合：把党中央、国务院和商务部等关于商务工作的重大决策、各项政策措施的宣传解读，和反映这些决策、政策、措施在各地的实施以及地方和企业的“声音”结合起来；把宣传报道部党组的真实意图和满足读者的阅读兴趣结合起来；把国际市场的报道和国内市场的宣传结合起来；把报纸的权威性、指导性、服务性，与稿件的新闻性、实用性和可读性结合起来。

当然，要做到“四个结合”，我们必须对上，要吃透国家和商务部有关商务工作各项重大决策、政策和措施的真正意图、内涵和意义；对下，要贴近企业、贴近商人和贴近生活，摸清商务事业的前进和发展脉搏。同时，编辑还要有敏捷的新闻嗅觉、高超的新闻处理手段和不同凡响的言论撰写能力。

在坚持“一个中心、四个结合”的前提下，拟定严格的稿件选择标准，即什么样的稿件可以上头版，什么样的稿件可以上头版头条，什么样的稿件不能上头版，把这样的标准固化下来，大家不管谁值班，都可以对比这样的标准去选择和安排稿件，避免工作中时常出现的那种随意性和版面质量的大起大落。

当然，经营好头版，任务艰巨，我们必须在头版的头条和言论上下足功夫。

别了，洋文字母！

眼下，新闻报道中使用英文词组缩写、单词甚至词组的情况越来越多。像WTO，APEC，CBD，ATM，NMD，CEO，DNA等等，我想如果把报刊上所有这样的词都汇集起来，能全部明白的人，包括学过外语的，恐怕也寥寥无几。且不要说一般读者，就是报社的记者、编辑和签版的报社领导也未必都明白。

曾几何时，当我们中间很多人还没有真正弄清楚MBA为何物时，EMBA、MPA又接踵而至；当人们刚明白CEO是什么意思，另外五位大官又纷纷出台了CFO（首席财务官）、CGO（首席沟通官）、CIO（首席信息官）、COO（首席运营官）、CTO（首席技术官）的五大首席官纷纷登场，实在让人目不暇接。

我的本科学的是英语专业，应该说我还是比较喜欢英语的，而且毕业以后有过10多年用中文和英文同时写作新闻的经历，但我一直以为，英语也就是一门语言而已、一种工具而已。我不明白为什么有的人因为会说两句“洋话”就觉得自己了不起，认为夹用外文可以显示一种地位、一种身份，便觉得自己才学高人，要不然怎么会不分场合的卖弄呢？但语言终究是一种交流的工具，如果别人听不懂或是听着别扭，言者又有何身份可言？！

生活中，经常听到或见到这样的事情：明明是一帮黄皮肤黑眼睛的同胞在一起说话、聊天、甚至开会，总有人爱时不时冒出几个也不知从哪儿现学来的英文单词，然后还似乎很得意地环视一下，看看座中有没有没听懂他的话的，大有一副钱钟书先生笔下的那个方鸿渐的气派！明明办的是一份中文报纸，他偏偏给你用上一些让人一头雾水的洋文字；其实，在开放了多年的今天，国人的嘴里偶尔冒出几个英文单词，本也无可厚非，但要在一份中文报纸上充斥过多的英文单词就让人难以接受了。在二十一世纪的今天，仍然有这种既不尊重读者、又不尊重母语的怪诞情形，让人痛心，更让人悲哀。

见过以上种种，报刊中充满洋文字母的现象也就不足为怪了。为保证新闻报道用语的规范，维护母语的权威，保证信息的传播，避免给读者带来理解的困难，国家有关新闻出版管理等部门对媒体如何正确使用汉字已经有了明确的规定，但效果平平，看来报纸的编辑守则应该而且很有必要对此做出一些具体的可操作性强的明确规定。

首先应该明确的是，必须奉行这样的原则，叫做：凡是能使用中文译文的地方，一律不要使用英文词组缩写。

但任何事情都可以有一些例外：

1、冗长的中文译文在同一条稿件中多次出现，而且中文译文简称不能充分表达原意，首次使用时可用中文译文并加注英文缩写，以后出现时可以直接使用英文缩写；如果中文译文的简称不会引起歧义时，用中文译文简称；

2、出于版面考虑，标题中无论如何要避免使用英文缩写，即使出现中文译文较长的情况，也要努力乃至坚决避免使用英文缩写，但可直接考虑更换标题的可能性；

3、一些惯用并在社会上普遍认可的科技、经济和军事专用名词或术语的英文缩写，如CT 和VCD等，即使可以直接使用英文缩写，也要努力寻找中文译文来代替，不能为滥用洋文字母推波助澜；

4、有些英文缩写已有约定俗成的中文缩写，如WTO、 NATO和UNCTAD等，其中文缩写分别为“世贸组织”、“北约”和“贸发组织”，这类中文简称没有任何不妥，因此应该采用中文缩写，而不是相反；

5、已有可用的意译词时，一定要使用意译词，如 “首席执行官（CEO）”等。一时找不到准确的译名，不妨用音译的形式，非用英文缩写不可时也应遵照有关规定，在英文缩写后面括注释义。

6、一些新的科技产品或术语一时还找不到合适的译法时，暂时借用外文字母应当无可厚非。如CD、DVD、CT、DNA等，但当它们逐渐普及、也有了公认的译法后，就应当立即取而代之，并在媒体上迅速用汉语将它消化掉。这样，不仅是纯洁了汉语，也是丰富了汉语。

7、国内有关机构内部工作使用的英文缩写单词见诸报端时，坚决不可采用，诸如：GDP、CPI之类的，但令人失望的是，它们却频频见诸国内大小报端。

外来词是汉语词汇中一个有机组成部分。像“觉悟”、“刹那”等词是从梵文中翻译过来的，“幽默”、“逻辑”等词从英文翻译而来，“场合”、“关照”是从日文引进的。科技领域引进的词不少，如“引擎”、“电气”、“软件”等，生活中引进的词用得更为普遍如“汉堡包”、“百事可乐”、“比基尼”、“桑拿浴”、“保龄球”、“三明治”等。它们大多是经过长期使用而逐渐为大家所接受并丰富了我们的语言宝库。

需要强调的是现在很多外国公司、品牌和产品，为了宣传的需要或出于公关等多种目的，经常不提供中文译文。我认为，如此情况下，可以酌情做出不同处理：

如果名词是英文缩写而且名称很难用意译或音译方法确切表达中文含义时，可以考虑用英文缩写，但必须谨慎从事；如果不是词组的英文缩写，而是词组或单词且完全可以通过中文译文来表达时，一定用中文译文，否则，不予刊登。

总之，直接借用洋字码，只能说明我们还没完全把握其事其物的确切内涵，还无法用自己的语言加以恰当表述。如果喜欢夹用洋文的人是为了炫耀，那只能说是一种浅薄。在正规的文字上过多地使用字母词，是会造成语言文字混乱，失去一部分读者的。

因此，对待外文字母，一份对读者负责、对母语尊重的中文报纸应有一个负责任的态度：以不用为最高准则，能不用的坚决不用，能少用的尽量少用。

CCTV：中国人看不懂，外国人看不明白

——兼谈媒体在维护母语纯洁性方面的责任

（一）

当年初学英语时，跟我的英语启蒙老师有过这样一段对话：

— CCTV是什么意思？

— “中央电视台”的英文缩写。

— “中央电视台”的英文不应该是the Central Television吗？

— 是的。

— 那么，缩写中怎么会有两个字母C呢？

— 是the China Central Television的缩写。

后来，我知道“中央电视台”对海外播出节目时称：中国中央电视台。

再后来，我到国外，无论哪个国家，住酒店，问如何收看CCTV时，总是十分受人鄙夷，可谓屡遭揶揄，但却不知何故，我记得每每如此，心里总是暗骂人家不是傲慢就是无知。

后来的后来，我才知道，我错怪了别人，原来是自己太无知了。英文中早就有CCTV这个词，但它的意思跟我们13亿中国人说的CCTV风马牛不相及，人家的CCTV是指 Closed-circuit Television（闭路电视），而且由商务印书馆于2004年出版的牛津高级英汉双解词典的第六版中的这个词条下，中文意思只有闭路电视，而没有中国中央电视台的释义。

而且很多国家的旅馆或酒店都有自己的CCTV，一种内部保安使用的中央监控系统。

由是观之：英文中的CCTV同我们中国人所说的CCTV压根就不是一码事。

而由商务印书馆出版的第五版现代汉语词典在其西文字母开头的词语部分，虽然作为单独词条收录的只有CATV（有线电视），而没有CCTV，但在TV词条举例举到CCTV，且注释为中央电视台，不说荒唐，至少也是多少有点无知！我一贯反对将如此众多的西文字母开头的词语堂而皇之地收录进如此权威的一部汉语工具书里面。

说到此处，我真的想问一问现代汉语词典第五版的编者们：为什么要收录182条西文字母开头的词语？言下之意，这些词都是汉语词语，只不过是西文开头的而已？尽管注释处说明：这里收录的常见西文字母开头的词语，有的是借词，有的是外语缩略语。真不知修订人员收录这些词条的根据何在、用意何在？难道是想表明中国语言文字的开放性？

连RMB（人民币），CBA（中国篮协），DIY（自己动手做），ICQ（我找你）这类的缩写都收录进来，不知道国人中有多少人在日常说话中动辄RMB、CBA、DIY或ICQ的？更有甚者，像RMB后面明明注释写的是汉语拼音rénmínbì的这类缩写，怎么又列入了西文字母开头的词语之列了呢？

如果说RMB这个缩写词算作“出口转内销”的词语，勉强可以理解的话，那么HSK作为“汉语水平考试”拼音的缩写（hànyǔ shuǐpíng kǎoshì）的缩写，GB作为国家标准的拼音的缩写，也都被收集进来，就有点让人不可思议了。鄙人不才，难不成汉语拼音原来和西文字母是一码事？

有趣的是PC与PC机、DNA和DNA芯片竟分别作为两个不同词条同时收录， internet和Internet本来作为同一个英文单词就不应该属于收录对象的，而我们的词典编纂人不仅收录了，而且作为两个词条分别加注，小写字母开头的是“互联网”大写的是“因特网”，与其说是令人费解，不如说是贻笑大方！

（二）

恐怕每一个看过电视的中国人，不管他或她能不能念出这几个字母来，都会知道这是中央电视台的台标。

但善良的观众哪里知道，原来他们如此崇拜和敬仰的CCTV，在国外，只不过是个“闭路电视”的英文缩写。

既然如此，中央电视台的台标是否应该改一改了呢？提出这个问题，确实不是心血来潮，也绝不是跟风，它着实在我的心头已缠绕经年。

曾与众多友人谈及此事，肯定我想法的人不少，但绝大多数还是认为，我的这个想法太幼稚。毕竟，这么多年的经营，CCTV早已成为一个国内外知名品牌了呀。恐怕你也会赞同这种观点。

然而，窃以为：作为“中国中央电视台”英文缩写的CCTV，可以休也！

第一，在国外，几乎人人知道CCTV是什么，但几乎又没人知道中国人所说的CCTV是什么。所以，在国外，中国人所说的CCTV根本不能算作一个品牌。反而闹出很多笑话。

第二，中央电视台用CCTV作为台标，有诸多不妥：

首先在国内，必须是至少学过英语26个字母或知道英语中这三个字母读法的国人，才能念出来他们每天都为之付出热情和关注的电视台的台标；不知道那些将CCTV视作拥有巨大价值品牌的人们，想过没想过中国还有多少没有学过英语的电视观众，这样做公平吗？

其次，就算对外播出节目，需要缩写，也不应该用CCTV这个缩写名称，因为不仅它的英文本意与作为泱泱大国国家电视台的中央电视台的地位极不相符，而且这种电视台的名称缩写并不符合英语国家的习惯。当明白了在西方那些以英语为母语的人眼中，CCTV只不过是“闭路电视”或“中央监控系统”的时候，人们还会咬定CCTV在海外的巨大品牌价值吗？

退一万步讲，如果有一个外国人既能够一看就明白而且记得住的名称缩写，中央电视台在国外的品牌价值不就能真正得得到实现了吗？值得一提的是，国外那么多著名的电视台，有多少名称后面带有TV字样的呢？！

（三）

其实，不管对外播出时英文缩写是什么，也不管CCTV在这个世界上是否真的拥有那么大的品牌价值，这四个洋文字母都不应该在没有中文字样的情况下骄傲地出现在中国中央电视台的台标上。

第一，中国中央电视台，作为国家电视台，必须体现以人为本的办台方针，要把观众的利益和社会的利益放在首位，决不应该因小利而失大义。

第二，闻过则喜、知错即改，是中华民族的一大传统美德，以传承中华民族优秀文化为己任的中国中央电视台，经历过多少大风大浪，在这种小事面前，从善如流应该不能算作一桩难事。

第三，眼下洋风盛行，洋文字词充斥各种媒体。母语在伤心，在泣血。如此背景之下，央视若能带头，换上堂堂正正的汉字作台标，砸掉的决非品牌，相反，将会给目前的品牌增添无穷无尽的巨大价值，同时，又为净化母语，捍卫母语的纯洁性尽了力，一石两鸟，也必将是中国媒体的一大幸事！

第四，在国内，中央电视台和其他新闻媒体一样，始终肩负着传播精神文明、模范遵守中国法律的光荣使命和历史责任。再怎么说，谁也不能把法律当儿戏吧。

1992年，法国国会郑重地把“法语是法国的官方语言”这句话加入到法国宪法中。1994年法国又出台了新的法律，规定公共场所的所有标语、公告牌必须用法语书写，原文是其他语种的也要翻译成法语，而且法语字母不能小于原文。违反上述规定的个人和企业将被视情节轻重处以1000至5000欧元的罚款。同时，法律还规定了，所有法语新词及其解释都必须经过法兰西学院通过，并且在政府公报上发表后才能被认可和使用。新词一经正式公布，所有政府机关必须以身作则，在公文中使用这些标准法语新词。

2000年，波兰制订一项法律，规定所有公司的推销广告和产品说明书必须用波兰语。几年前，德语研究所曾致函德国电信公司，抗议该公司滥用英语词汇。一气之下，德语研究所的一位教授还创建了“保护德语学会”。2001年普京总统就签署一项要求维护俄语“纯洁性”的命令，禁止在俄语中滥用英语单词。一位语言学家甚至呼吁：要保护世界的“语言生态”平衡。

那么我们呢？汉字是世界几大文明古国中惟一从其产生开始延续至今的文字，而《中华人民共和国国家通用语言文字法》更肯定了普通话和规范汉字作为国家通用语言文字的法律地位。

虽然CCTV作为台标出现在前，《通用语言文字法》颁布在后，并且法律无力溯及以往，这是法律的缺憾，但在法律诞生之后，央视如此无视法律继续沿用之前的台标，恐怕无论如何也难以服众吧？为什么我们还要留给后人更多认为的遗憾呢？！

据传，央视有关负责人已经对相关媒体放风：如果上级主管部门要求，中央电视台可能会考虑修改自己的台标。像是一语道破天机：之所以迄今仍然敢于对法律置之不理，似乎它是仰仗着主管部门在撑腰呢！换句话说，没改，如果有责任，责任也不在央视自身，因为它从来没有被上级主管部门要求修改台标。

早在1951年6月6日，《人民日报》就曾发表题为《正确地使用祖国的语言，为语言的纯洁性和健康而斗争！》的社论。半个多世纪后的今天，在这个曾经产生过唐诗、宋词、元曲等辉煌文化的国度里，人们仍然在为“维护祖国语言健康发展”而呼号，而呐喊。不知道这种呼号还要坚持多久，这种呐喊还要持续到何时？

从OZ 到“雄心水平”

——从媒体用语想到的

随着我国最大的金属贸易商中国五矿集团并购澳大利亚澳洲矿业一案得到了澳大利亚政府的批准，媒体对此案报道日益升温。于是OZ Minerals或OZ矿业之类的词又频繁见诸报端。问记者和编辑：为何又出现英文字母？答曰：OZ没有中文翻译。

作为一名中文报纸的工作人员，我是最讨厌稿件中出现英文字母的，尤其在标题里。而记者和编辑却不以为然，有时甚至还宣称：作为国际商报的读者，一般都会外语，英语也多少能看懂一些。

我倒不是担心读者看不懂，相反，我担心的是我们的记者或编辑看不懂。结果你问他：OZ是什么意思呀？得到的回答：“不知道什么意思，专用名词呗。”

平时，我总是要求报社的记者在采访过程中，遇到英文或其他外文的名称，一定要把中文意思整明白了。也许是信息时代，信息流动太快，以致于我们根本没有时间去考究一两个此的汉语翻译。

对于五矿集团来说，为了工作方便，只要知道OZ矿业就行了，或者就叫OZ Minerals，都无大碍，但新闻报道就不同了，我们一再说，要用新闻的语言报道新闻。

什么是新闻语言？新闻语言简单地讲，就是大众语言，就是口语，怎么说话，就怎么写稿。新闻语言就是简洁、准确、通俗。能够说OZ或OZ Minerals通俗吗？

就像GDP、CPI和PPI等作为统计部门内部工作用语无可厚非，即便拿出来向媒体发布也似乎没有多少不妥，关键在于，媒体要负责任，要对读者负责，要对维护母语的纯洁性负责，不能“照搬”过来，然后“照样”刊登。

回到OZ，我认为可能还有一个翻译的水平和素质问题。一般英语专业本科毕业的学生，也不见得见到这个词就能把它翻出来。我试了试，不少在国内搞了一辈子英语的人都没能当场回答我。

其实在澳大利亚，很多人把自己的国家称为OZ，也就是说OZ就是澳洲的意思。我也是在2005年10月受澳大利亚外交贸易部邀请到访问澳大利亚后才学会这一表达的。因为澳大利亚人讲英语有两个明显特点：一是非常随便，可以用kanga 或 roo代替kangaroo，用uni代替university等；二是偏爱后缀-y和-ie。如Australian = Aussie。

这类看上去是个专用名词的词，不知道怎么翻译，还可以把英文保留在名词中，那些非译不可而又不知道怎么翻译的情况就糟糕多了。关注多哈回合谈判的人都应该至少听说过“雄心水平”这个词。

第一次看到这个词时，是报社的一名记者采写的稿件，题目是：中国希望多哈回合雄心水平不要降低。当时，我一头雾水不知所云，但是它的语境告诉我所谓“雄心水平”就是指要达到目标的水平的意思。主要是多哈回合谈判遇到僵局、各主要成员方力图找到突破的方法，但都表示，无论如何，多哈回合谈判的雄心水平不能降低。

可见，这里的“雄心水平”是翻译过来的，意思可以揣度，但显然不符合汉语表达习惯。所以，当时尽管记者告诉我新华社通稿也用过这个词，政府文件中都有，但我还是把稿件中的“雄心”二字改成了“目标”，后来我找到外电看后才知道，原来“雄心水平”是从英文中level of ambition这一词组直译过来的，当时我差点儿没笑晕过去。

中国只要学过一阵子英语的人，对ambition这个词是不会陌生的，都会知道它是“雄心”的意思，但是它还有一个更为常用的意思，就是“追求的目标”和“想要得到的东西”。由此，所谓“雄心水平”就是指“目标水平”或“期望值”。

以上两种情况，都是英文翻译成为中文时出现的情形，但却说明两个问题：一是英语教学与实际运用存在严重脱节；二是我们的从事翻译工作的相关人员缺乏必要的知识和钻劲儿。同时，作为记者，对于不符合汉语言尤其是汉语书面语言表达习惯的表达法，一定要坚持原则，不能以牺牲母语的纯洁性为代价，任由它们在汉语的殿堂里胡作非为。

关注民生："小人物"背后的新闻"大金矿"

英国《金融时报》曾刊登过一篇题为"当乞丐成为一种职业"的文章，介绍了中国城市里随处可见的乞丐的情况。不妨让我们先看看这篇文章吧：

这是一位中国朋友的真实经历：那天，这位朋友看到一个乞丐，在烈日暴晒下的水泥街道上写下了长长一串四字乞讨诗，有"河南死爹，河北丧娘，身染重病，生活无望"的悲惨身世。他双腿萎缩在长衣下，依靠一块遍布油腻的木板移动，分明是个双腿残疾的可怜儿。

这位朋友忍不住施舍了10块钱。谁知晚上这位朋友路过另一条狭长的死胡同时，又碰到了他，不由自主地上前想关心一下这位老兄的生活状况，他却出人意料地从木板上站了起来。原来，根本不是什么残疾人！

紧跟着，这位老兄从容不迫地换上另一套衣服，神采奕奕的样子与原来判若两人。照这样看，他也应该不会真的爹死河南、娘丧河北了。他已经完全不认得我的这位朋友了，见到胡同口的这位目瞪口呆的朋友，乞丐一把推开他说："你小子，看什么看，好狗不挡道呢！"随后便扬长而去了。

如今，中国城市中行乞的人到处可见。有专家将中国乞丐分为5类：一是挟技之丐，他们唱歌、跳舞或玩杂耍等，靠卖艺行乞；二是残疾之丐，如断肢、毁容者等，靠博得行人怜悯得到施舍；三是行乞之丐，在繁华商业区向路过的行人、商店等讨钱；四是诡托之丐，诡言与亲人走散，身无分文，或假称父母有病，无钱上学，从而骗取钱财；五是强索之丐，乞钱不给，或口出脏话，或拦住去路，这多是商场附近和天桥上面的儿童乞丐。

专家认为，本来意义上的乞丐是因为家境悲惨，无法生活，为了生存而沿街乞讨，是迫于无奈。但是，现在的街头乞丐绝大多数不是为了生命和生活，而是在利益驱动下的职业乞丐，已经不是真正意义上的乞丐了，而是以乞讨为职业。

有人在北京、广州两地繁华路段对206名行人调查对乞讨者的态度，其中19%的人选择“同情”，31%的人表示厌恶，15%的人自认为“没感觉”，35%的人感觉“说不好”。可见，频繁出现的恶性乞讨事件已影响了公众对流浪乞讨人群的态度。

在拒绝施舍的人看来，施舍是对以乞讨为职业者的欺骗行为的一种鼓励，会助长这种不良风气，久而久之，就会陷入恶性循环。目前，中国的不少城市出台了禁讨令，禁止乞丐在一些商业区和城市的“门面与窗口”处出现。然而事实却是，在禁讨令颁布后不久，行乞的人骤然减少不少，一两个月后又逐渐多了起来，如此周而复始。再说，这样会把真正需要救助的人也归入禁止之列，是否不太合适呢？

和被践踏的同情心与政府担心的“影响城市市容”相比，中国的乞丐现象带来的更恶劣的影响可能是让一部分施舍者感到自己的同情心被别人欺骗或利用了，从而不再伸手救援。当然，也有在得知被骗乞后依然行善的人们，比如一位友人，她见到所有的乞丐都给钱，理由是“不想错过一个真乞丐”。只是像她这样的好人，好像越来越少了。

恐怕我们每一个人都在大街上遇到过乞丐，应该说这条新闻的真实性是不容质疑的，这种现象也是颇为读者关注的。像这样的能够引起读者阅读兴趣的新闻，我们的主流媒体却很少涉及，其个中缘由确实值得我们深思。

窃以为，对于中国媒体来说，报道好“小人物”，深入挖掘这些“小人物”背后的故事，关键是个观念的问题，或者说是一个认识问题，即为什么要报道的问题。

为何要报道这些“小人物”？中央一再强调新闻报道要坚持以科学发

展观为指导，坚持贴近群众、贴近实际和贴近生活的“三贴近原则”。而科学发展观的核心就是“以人为本”，“三贴近原则”的关键问题也是贴近群众，贴近读者。看来，我们的媒体报道紧盯住领导、官员、各界名流，是对的，但只盯住他们是不够的，还要更多地盯住千千万万的“小人物”。忽略“小人物”不仅有违媒体的良知和责任，而且也不符合中央领导人对媒体的殷殷期盼。因此，让更多的“小人物”出现在我们的报道中，让他们更多地借助我们的媒体进入公众和读者的视野，应该成为我们新闻工作者孜孜追求的一个目标，不折不扣的一项任务。

“小人物”容易被媒体忽略，因此更加需要媒体的关注；况且“小人物”本身就生活在广大读者之间，从新闻的接近性原则看，“小人物”的故事更为读者感兴趣，也更能吸引广大读者的眼球。这些年来。我们的商务新闻报道一个最大的缺憾就是见事不见人，或者说是，“虽闻人语声，但总不见人”。不关注人的新闻报道怎么能为人们所关注呢？

接下来就是一个写什么或怎么写的问题了。

其实，只要我们有意识去关注“小人物”，我们就会发现他们的背后是一座巨大的新闻金矿，而开发这一新闻金矿，就需要我们走近他们，走进他们的工作与生活，走进他们的思想与情感，真正了解他们的喜怒哀乐，了解他们的所为、所思、所困；逼近要报道他们的物质生活，更要展示他们的精神世界。

一些外国驻华记者经常在中国春节前夕到一些比较偏僻的农村，采访一些农民，做了大量的报道。法新社记者2006年2月曾到安徽省的中军楼村采访，发出了一篇题为“中国农民仍在苦苦挣扎”的报道，通过最一位农民的采访，报道了中国农民“省不下什么钱”的普遍现象。我们先一起看看这篇稿件的前几段吧：

杜重安今年51岁，他觉得自己在中国农民当中算是混得很不错的了。

他攒下3万元钱帮大儿子结了婚，家里买了摩托车、电视机、电冰箱和洗衣机。这些都是全家人引以为豪的财产，另外还有拖拉机和弹棉机。

同父辈相比，杜的日子已经大有改善。

“我爹连自行车都买不起，我现在却有了摩托车，等我儿子到我这个岁数了肯定会有汽车，”他坐在自家简陋的砖瓦房门前说。

但日子也并没有好到哪儿去……

作者在稿件中还写到，

中国的农民占全国总人口的大约60%，假如不提高这部分人的收入，中国就难以维持10年来接近两位数的经济增长率。

中国致力于减少对政府投资和出口的依赖而更多地依靠国内消费来促进经济增长，但假如大部分人口没有钱花在生活必需品之外的东西上，这个目标就不可能实现。

农民收入在逐步提高，但幅度不够大，他们依然捉襟见肘。

稿件中在写到杜重安的儿子外出打工的事情后，援引世界银行的一份报告称，中国计划扩大社会支出，尤其是基础教育和医保制度方面的支出，这大概是提高生活水平的最佳方案。稿件的结尾也很有意思，让人回味。

为了省钱，杜重安和妻子至今在烧煤或柴的砖灶上做饭，而不愿改用花费较高的天然气灶。

“除了买点水果外，我们只吃自己种、自己养的东西——米、蔬菜、猪肉、鸡和鸡蛋，”杜重安说。

无独有偶，路透社记者林赛·贝克在2007年春节前夕又去了陕西农村，采写了一组反映那里农民生活的稿件，包括反映留守家庭情况的“春节对于中国分居两地的家庭而言苦乐参半”、反映农村老人生活的“退休金只是中国老年村民的一个梦想”

有人以为，“小人物”的稿件主题小，重要性差一些。事实上，这是一种认识的误区。主题的大小，稿件的重要性从来都不是跟人物地位的高低挂钩的。像英国广播公司在2007年1月2日播发的一篇题为“中国新中间阶层有钱不敢花”的年终综述，探讨的是为什么中国老百姓总是捂紧钱袋子，有钱不敢花的问题。这可是一个涉及消费拉动内需、确保经济稳健发展的大问题哟。

2008年底，中国纪念改革开放30周年的新闻报道可谓铺天盖地，但通过报道“小人物”反映改革开放大潮的报道却很少见，尤其是给人留下深刻印象的稿件更是少之又少。但法新社发自北京的一条通讯却让人眼前一亮：农民工：中国改革时代的无名英雄，并称，说农民工是推动中国经济增长的发动机一点也不过分。这样的主题还小吗？

关注民生，是商务新闻吸引读者的制胜法宝，也是商务新闻本身生命的不竭源泉。只是我们在采写这类新闻的时候一定要处理好几个“小”与“大”的关系：小事件大主题，小人物大文章；小角度大视野，小切口大容量。这就是说，稿件要从小处着眼，从小事件、小人物、小角度和微观处作为切口写起，但一定要提炼、展现和表达大主题、大文章、大视野和大容量。

如是，民生报道就能做到绘声绘色。

“假”货堆里新闻多

和假烟、假药、假酒这类整天被执法机关围追堵截的假货不同，另一些假货，不但不被追堵打击，反而在国际市场大受青睐，为国家和企业赚取了大量的外汇。

2005年9月28日，一家牙医诊所在德国西部北莱茵-威斯特法伦州的克雷菲尔德市开张。这家诊所开业的头一个月，就迎来了火暴的生意，前来就诊的患者几乎天天爆满，预约电话几乎一直响个不停。是什么使它如此火暴的呢？中国假牙！

德国之声电台网站曾在诊所开业不到20天时发表一篇报道：德中结晶的“麦克牙”开张火暴。这篇报道的导语说，按照“麦当劳”经营理念创立的“麦克牙”连锁牙医诊所开张后生意火暴，就诊预约登记已经排到了好几个月之后。德国人的嘴里含着一口中国牙，这可谓全球化时代开创的一个神奇组合。

俗话讲，牙疼不是病，疼起来就要命。这家牙医诊所开业后，饱受牙痛折磨的患者来自德国的四面八方，有人甚至从500多公里之外的柏林驱车前来镶上一口“麦克牙”。

“麦克牙”的招牌口号是“零费用牙科材料，患者不用掏一分钱”。在德国，装牙套、牙桥和假牙的费用异常昂贵，患者镶一颗假牙的费用高达2000欧元，而医疗保险公司承担的部分最多也只有一半。而采用中国假牙，由于价格低廉而患者无须自掏腰包，可以全由医保承担，而且质量可靠，深受人们喜欢。

美联社于2007年2月15日在采访了几家专业接发店或美发沙龙后，播发一条新闻称，美国假发商喜欢中国和印度的头发。

报道说，在G&G专业接发店，刚刚到店的头发看起来似乎都一样：一水儿的黑色直长发。这些取自中国和印度等国妇女的秀发，保持着它们最为天然的本色。曼哈顿漂亮宝贝美发沙龙的老板加里泰·特尔鲍姆说，中国人的头发处理后效果是最好的，其次是印度人的。

不用举更多的例子了。就上述这两条消息，足以让我们明白：假货堆里新闻多呀。这里的假货，实际上并不是我们通常所说的那种被列为打击对象的假冒伪劣的货品，而是人工制造的各种货真价实的替代品，除了假发、假牙外，我们还可以尽情地去想、去发掘：假肢、假山等等。

这些假货的背后，极有可能流传着一段美丽的故事。

不忘冷点：小商品里的大文章

每到七八月份，常听我们的记者抱怨：现在是新闻淡季，没有东西可写。

此话，猛听上去，不无道理，因为这个时候由于天气关系，各种会议少了，展览会交易会也少了，半年以后，多数新的政策该出台的也已经出台了，一句话：动态新闻少了。

应该承认，从动态新闻这个角度看，这个时间段，确实是一个新闻淡季。

但是，我们说，商务新闻无处不在，它就在我们身边。从这个角度讲，商务新闻没有淡季。关键在于我们挖掘新闻线索的意识和能力。

《今日美国报》2005年11月22日曾刊登过一篇题目为“中国红辣椒让墨西哥人红了脸”的文章。墨西哥人爱吃辣椒是有名的，就像四川人不怕辣，湖南人怕不辣、贵州人辣不怕一样，墨西哥人既不怕辣、也辣不怕，甚至怕不辣。

在墨西哥最具标志性的食品里，从调味汁到卷肉玉米面，辣椒成分无所不在。但报道说，墨西哥的红辣椒正经受中国红辣椒的袭击。近几年来，墨西哥的辣椒消费中，中国红辣椒占三分之一。

我们每月报道一次海关统计数据当然很重要，但是像这种属于人们日常生活必需品的具体商品进出口情况，也是读者十分关心的新闻，而且更具有可读性。可惜的是我们的报纸这类报道却少之又少。

就在同一年12月5 日美国出版的一期《时代周刊》，刊出了一篇关于中国椅子的文章，题目是：中国椅子是怎样走向世界的。

文章开头几段就写道：

中国人怎么把椅子做得这么好？想找答案，你得去长江三角洲的一片村镇。1800年前，一位皇帝把这片森林取名为安吉，那里的居民世世代代靠种竹子和茶为生。

1982年，在轰轰烈烈的经济改革中，一家为附近大学提供实验室用椅的国有工厂造出第一把五轮旋转椅。不久，当地种竹子的农民纷纷拿出积蓄开办自己的工厂。到90年代末，安吉的经济全部围绕这一产品转。今年（2005年），这里的460家工厂将生产出价值74亿美元的椅子，比2003年翻一番还多。

安吉椅业协会的一位副会长说，现在，中国每三把办公椅子中就有一把是这里生产的。2003年，北京授予安吉“椅业之乡”的称号。

如果说像辣椒、椅子这些产品我们也许还能想到去涉猎的话，那么英国《泰晤士报》的一篇报道则恐怕是我们从来就没有想到过的，那是一篇关于墓碑的新闻，让我们一起来看看这篇报道吧：

来自中国的廉价墓碑刺激英国殡葬业商机

中国人会膜拜祖先，但他们同时也会虔诚敬拜切割石块制造廉价墓碑销往英国后赚得的钱财。

这是一块由坚硬花岗岩刻制而成的球迷T恤形状的墓碑，附带着一个坚硬的石制足球形状的花瓶。

墓碑的主人是一名纽卡斯尔联队的忠实球迷，要不是中国制造的墓碑以其价格低廉的花岗岩和劳动力成本挤入英国市场，这名球迷的遗孀对如此精巧和独特的纪念碑是不敢问津的。

今年80岁的莱斯莉·麦吉尼斯的丈夫去年患癌症去世，他生前是纽卡斯尔联队的忠实拥趸。当地一个石匠对莱斯莉说，由于中国供货商能够出售物美价廉的花岗岩，同时进行基本的雕刻加工，所收的钱只是英国市价的一小部分，因此她能够以2000余英镑（1英镑约折合15元人民币）的价钱买到一尊3英尺高、半吨重的手工刻制墓碑。

销售这块墓碑的是纽卡斯尔当地的一个家族企业，老板西蒙·里士满说：“在中国劳动力要便宜得多，石材非常丰富，质量也相当出色。如果这块球迷T恤形状的墓碑在英国制造，价格至少要得5000英镑。”

一名从事进口墓碑生意的商人说，从中国进口墓碑，一开始也有一些问题，譬如雕刻的耶稣和玛利亚的图像，面部特征都像中国人，但现在问题都解决了。

由此可见，商务新闻是无处不在的，只要时刻带着一双寻找新闻的眼睛，就能发现受人喜欢的商务新闻来。